EVA-MARIA BAST | EVA WODARZ-EICHNER

Wiesbadener
Geheimnisse

**SPANNENDES AUS DEM NIZZA DES NORDENS
MIT KENNERN DER STADTGESCHICHTE**

Bast, Eva-Maria; Wodarz-Eichner, Eva;
Wiesbadener Geheimnisse – Spannendes aus dem Nizza des Nordens – mit Kennern der Stadtgeschichte

WIESBADENER KURIER in Kooperation mit:
Bast Medien GmbH, St. Ulrich-Str. 11, 88662 Überlingen
(verantwortlich)
1. Auflage 2019
ISBN: 978-3-946581-68-0

Copyright: Bast Medien GmbH
Lektorat: Manuela Klaas
Covergestaltung: Jarina Binnig, Cornelia Müller, Melanie Kunze
Layout: Homebase – Kommunikation & Design, Jarina Binnig
Grafik: Maps4News & HERE (Karte)
Satz: Melanie Kunze
Druck: Mohn Media Mohndruck GmbH, Gütersloh

Ein Titel der preisgekrönten Reihe *Geheimnisse der Heimat*

Inhalt

Vorwort   7

Die Autorinnen   9

01. Geheimnis
Geflügeltes Rad – Steinerne Damen heizen ein   10

02. Geheimnis
Elster mit Ring – Die Schöne und die Vögel   14

03. Geheimnis
Schwarzes Ross – Köstlichkeiten unter goldenen Hufen   18

04. Geheimnis
Mühlenzeichen – Die Mühle des Landesherrn   23

05. Geheimnis
Brillen – Mit den Augen eines Künstlers   27

06. Geheimnis
Magisches Quadrat – Rätselhafter Segensspruch   31

07. Geheimnis
Zahl – Ein kurzer Kilometer und viele Schilder   34

08. Geheimnis
Kaiserpforte – Ankunft mit fürstlichem Pomp   38

09. Geheimnis
Fußgängerbrücke – Das Römertor – alles andere als antik   42

10. Geheimnis
Ovale – Ein Band zwischen Mensch und Gott   45

11. Geheimnis
Jahreszahl – Altstadthaus auf römischem Fundament   48

12. Geheimnis
Rampe – Von der Faszination der Eisenbahn   52

13. Geheimnis
Stillgelegter Schornstein *– Aus der Höhe klappert der Storch*   55

14. Geheimnis
Einstige Augenklinik *– Ein Mediziner mit sozialer Ader*   58

15. Geheimnis
Kaiserbüste *– Wo kranke Offiziere gesund wurden*   62

16. Geheimnis
Gedenksteine *– Viele Götter führen nach Rom*   64

17. Geheimnis
Namenszug *– Künstlersignatur am Kirchenportal*   67

18. Geheimnis
Metallskulptur *– Der Schiersteiner Reichsapfel*   71

19. Geheimnis
Betonklotz *– Eine erschreckende Inschrift*   74

20. Geheimnis
Schweiger *– Eine Stadt in großer Aufregung*   77

21. Geheimnis
Relief *– Erinnerung an Martin Niemöller*   81

22. Geheimnis
Inschrift *– Das letzte Eis kam aus Sonnenberg*   85

23. Geheimnis
Carillon *– Süßer die Glocken nie klingen*   88

24. Geheimnis
Dachskulptur *– Das Wissen auf dem Pressehaus*   92

25. Geheimnis
Schuhabstreifer *– Wie der Dreck früher draußen blieb*   96

26. Geheimnis
Schuluhr *– Kinderlachen unter dem Mahnmal*   99

27. Geheimnis
Straßenmarkierung – Wo einst der Dendelbach plätscherte — 104

28. Geheimnis
Kreuz – Wie Josef an den Giebel kam — 108

29. Geheimnis
Fassade – Stahlgigant hinter Sandstein — 111

30. Geheimnis
Dichterbüste – Pech im Spiel, Glück in der Literatur — 114

31. Geheimnis
Weinberg – Ein Stück Rheingau mitten in der Stadt — 118

32. Geheimnis
Grabstein – Trauer zum Ärger der Kurgäste — 121

33. Geheimnis
Pferdekopf – London und die feine Gesellschaft — 124

34. Geheimnis
Halbrundes Haus – Vegetarier zu sein war gar nicht so einfach — 126

35. Geheimnis
Handwerkerhaus – Hobel, Senkblei und Winkel — 130

36. Geheimnis
Metallschild – Ein Casino ohne Spiel — 132

37. Geheimnis
Hochwassermarke – So hoch kann der Rambach steigen — 135

38. Geheimnis
Kirchenmauer – Das Paradiesgärtlein — 138

39. Geheimnis
Initialen – Wo der Ururgroßvater noch heute lebendig ist — 142

40. Geheimnis
Zahl – Pillendosen und ein geraubtes Kunstwerk — 145

41. Geheimnis
Hintereingang – Des Theaters prächtige Rückseite — 148

42. Geheimnis
Tafeln – Kirchgasse ohne Kirche — 151

43. Geheimnis
Römerstein – Eine Badegöttin und eine dankbare Mutter — 153

44. Geheimnis
Straßenbahnrosette – Begeisterung für die „Elektrische" — 156

45. Geheimnis
Steinmetzzeichen – Das Haus des H. Schaf — 160

46. Geheimnis
Auffahrt – Parken, wo einst das Schlösschen stand — 164

47. Geheimnis
Altartisch – Ein Ziffernblatt erinnert an vergangene Zeiten — 167

48. Geheimnis
Steinrosette – Rosen blühen gegen das Vergessen — 170

49. Geheimnis
Stein – Das versunkene Dorf — 175

50. Geheimnis
Schriftzug – Top-Adresse an der Rue — 178

Quellen, Literatur, Bildnachweis — 182

Stadtplan mit den Geheimnissen — 186

Vorwort

Zunächst regierte die Skepsis: Über Wiesbaden gibt es doch keine echten Geheimnisse mehr – zumindest nicht in ausreichender Zahl für ein neues Buch. Da ist doch alles längst erforscht und erzählt!
Ob der unzähligen Publikationen über Geschichte und Gegenwart der hessischen Landeshauptstadt schien es mir äußerst ambitioniert, 50 spannende Episoden aufzutun und Details neu zu beleuchten. Doch genau das ist den beiden Autorinnen in *Wiesbadener Geheimnisse* vortrefflich gelungen. Im Duett von Eva-Maria Bast und Eva Wodarz-Eichner vereint sich der Forscherdrang einer ortsfremden Verlegerin mit der Expertise einer Wiesbadener Redakteurin. Das Resultat: unterhaltsame und informative Texte über versteckte Kuriositäten oder (vermeintlich) bekannte Orte.

So oft bin ich schon hinein in den Bahnhof und zum Zug geeilt – über die Kaiserpforte direkt am Gleis 1 und ihre Bedeutung weiß ich wenig. Die bunten Brillen überall im Stadtgebiet geben manchem Wiesbadener Rätsel auf, verblüffend sind auch die 1,2 Rhein-Kilometer, die plötzlich verschwinden. Dass über dem Laden, in dem ich unsere Verlobungs- und Eheringe gekauft habe, historische Werbetafeln prangen, ist mir bislang nicht aufgefallen. Genauso wenig wie der Dendelbach, über den ich fast täglich schreite. Manche der geheimen Orte kennen wir längst, andere lohnt es aufzuspüren und zu erleben. Wieder andere bleiben Mysterien wie das versunkene Dorf zwischen

Medenbach und Breckenheim oder die Frage, wer denn nun für die Skulptur „Das Wissen" auf dem Pressehaus Modell gestanden hat.

Viele bekannte Wiesbadener erzählen als „Geheimnispaten" Anekdoten und historische Abrisse aus verschiedenen Epochen, häufig die Geschichte hinter der Geschichte. Neben heiteren Entdeckungen wie den historischen Schuhabstreifern werden auch mahnende Monumente vorgestellt, wie die Steinrosette, die an die Schiersteiner Synagoge erinnert.

Das Buch zeigt auch den Facettenreichtum unserer Stadt. Wiesbaden ist viel mehr als nur der altehrwürdige Kurort mit heißen Quellen. Wir sind eine lebendige Kultur- und Sportstadt, ein gefragter Kongressstandort. Das alles eingerahmt von Taunus, Rhein und Main – ein herrliches Fleckchen Erde. Das weiß ich als gebürtiger Wiesbadener, der nur anderthalb Jahre seines Lebens andernorts gewohnt hat, mehr denn je zu schätzen. Als ausgeprägter Lokalpatriot liebe ich unsere Stadt und glaubte, (fast) alles über sie zu wissen. Wie schön, dass mit diesem Buch auch der neugierige Lokalredakteur noch viele ihm neue *Wiesbadener Geheimnisse* entdeckt hat.

Auch Ihnen wünsche ich eine erlebnisreiche Entdeckungsreise in unsere Heimatstadt und viel Spaß bei der Lektüre

Ihr

Olaf Streubig
Leiter der Stadtredaktion
Wiesbadener Kurier/Wiesbadener Tagblatt

Die Autorinnen

Eva-Maria Bast, Jahrgang 1978, arbeitet seit 1996 als Journalistin. 2011 gründete sie das Redaktionsbüro „Büro Bast & Thissen", das 2013 in „Bast Medien" überging. Sie initiierte und schreibt die Buchreihe *Geheimnisse der Heimat*, die 2011 startete, rasch zu einem Bestseller wurde und die 2019 in 69 Bänden vorliegt. Sie wurde für ihre Arbeit mehrfach ausgezeichnet, unter anderem erhielt sie mit dem Südkurier für die Geheimnisse den Deutschen Lokaljournalistenpreis der Konrad-Adenauer-Stiftung. Neben zwei Krimis liegt von ihr auch die vierbändige Mondjahre-Jahrhundertsaga vor. Unter dem Pseudonym Charlotte Jacobi schreibt sie gemeinsam mit Jørn Precht historische Romane für den Piper Verlag. Eva-Maria Bast ist Dozentin an der Hochschule der Medien in Stuttgart. Sie hat vier Kinder und lebt am Bodensee und in Würzburg.

Dr. Eva Wodarz-Eichner, Jahrgang 1971, ist waschechte Wiesbadenerin. Ihr journalistisches Handwerk erlernte sie beim Wiesbadener Kurier. In Mainz und München studierte sie Geschichte, Germanistik und Kunstgeschichte und schloss das Studium mit der Promotion über einen mittelalterlichen Schelmenpfaffen ab. Sie hat mehrere Bücher über ihre Lieblingsthemen Frauengeschich-te(-n), Friedrich Schiller und Wiesbaden geschrieben, ebenso auch belletristische Kurzgeschichten, die in verschiedenen Anthologien erschienen sind. Eva Wodarz-Eichner ist Lehrbeauftragte für Kreatives und Journalistisches Schreiben an mehreren deutschen Hochschulen und arbeitet als Redakteurin für die VRM, in der auch der Wiesbadener Kurier erscheint. Sie hat zwei Kinder und lebt mit ihrer Familie in Wiesbaden.

Geflügeltes Rad

Steinerne Damen heizen ein

Die beiden steinernen Grazien auf dem Relief am Hauptbahnhof haben viel zu tun: Mit vollen Backen pusten sie kräftig auf das – ebenfalls steinerne – Rad, das sich in ihrer Mitte befindet. Und sie scheinen Erfolg zu haben: Dem Rad wachsen Flügel, während die Puste der beiden dampfend und staubend von dem Rad zurückprallt. „Die Symbolik ist klar: So wird Geschwindigkeit erzeugt – wofür wiederum das geflügelte Rad steht, das Symbol für den rollenden Schienenverkehr", erläutert Stadtteilhistorikerin Kathrin Schwedler. „Die Flügel sollen die Geschwindigkeit verdeutlichen, für die der Schienenverkehr vor allem in den Anfangsjahren berühmt war." Endlich war das unbequeme Reisen in den Postkutschen auf den holprigen Straßen vorbei und die Fahrgäste kamen auf komfortable Weise von A nach B.

Als Emblem für die Eisenbahn reicht das Flügelrad weit zurück und findet sich bereits auf der Gedenkmünze der Ludwigseisenbahn von 1835. Dargestellt ist hier eine liegende Frau, die einen Merkurstab mit Lorbeerkranz in der rechten Hand hält, während sie sich mit dem linken Arm auf ein Flügelrad stützt. Umlaufend steht auf der Münze geschrieben: *ERSTE EISENBAHN IN TEUTSCHLAND MIT DAMPFWAGEN/VON NÜRNBERG NACH FÜRTH, ERBAUT/1835.*

In Preußen wurde das Flügelrad am 30. November 1853 offiziell zum Markenzeichen der Eisenbahn und fand internationale Verbreitung. Fortan war es das – heute würde man sagen – „Logo" der Eisenbahn und der Eisenbahner. Menschen, die bei der Bahn arbeiteten, trugen es an Uniform und Mütze, lediglich in Feinheiten variierte die Grunddarstellung von Land zu Land: In Monarchien – wie zum Beispiel Bayern oder Württemberg – war die Bahn königlich und das gedachte man den Fahrgästen mit einem gekrönten Flügelrad kundzutun. Kathrin Schwedler weiß noch mehr über die Entstehung des Flügelrads zu berichten: „Es hat seinen Ursprung in den Darstellungen von Hermes,

Die Damen pusten kräftig, damit das Rad Fahrt aufnimmt.

Bild Hermes dem geflügelten Götterboten", sagt die Journalistin. Hermes wird ebenfalls häufig mit Flügeln dargestellt, die er mal am Helm, mal an den Schuhen trägt. Nebenbei bemerkt: Auch an Postämtern ist Hermes oft zu finden – er soll die Schnelligkeit der Post symbolisieren. *ob das so ist ?!*

Und das gleiche Ziel hatte eben auch die Bahn, als sie das Flügelrad zu ihrem Symbol machte. Kein Wunder, dass es als Zierrelief am neuen Bahnhof angebracht wurde, der 1904 bis 1906 anstelle von vormals drei getrennten Bahnhöfen an der Peripherie der bis 1866 naussauischen „Weltkurstadt" errichtet wurde. Der erste war der 1840 erbaute Taunusbahnhof, an dem die Taunuseisenbahn von Wiesbaden über Kastel nach Frankfurt fuhr. Der zweite war der Rheinbahnhof, 1857 erbaut. Er lag an der rechten Rheinstrecke, die von Wiesbaden über Biebrich und Rüdesheim am Rhein nach Niederlahnstein fuhr. Der letzte Bahnhof in Wiesbaden war schließlich der 1879 errichtete Ludwigsbahnhof. Hier stiegen Fahrgäste ein und aus, die mit der nach Niederhausen verkehrenden Ländchesbahn fahren wollten. Und seit 1889 gab es sogar noch eine vierte Bahnstrecke nach Bad Schwalbach und später bis nach Diez an der Lahn. „Doch die Fahrgastzahlen nahmen immer mehr zu und um sie zu bewältigen und den Gästen auch das Umsteigen leichter zu machen, wurde schließlich der zentrale Hauptbahnhof nach den Plänen von Fritz Klingholz gebaut", sagt Kathrin Schwedler. Die

Kathrin Schwedler vor dem Relief, zu dem sie ein amüsantes Detail recherchiert hat.

Lage des neuen Bahnhofs sorgte unter den Wiesbadenern allerdings für einigen Unmut: Vielen lag er schlicht zu weit abseits.
Abseits oder nicht: Der neobarocke Hauptbahnhof war ein Prachtstück, das sich sehen lassen konnte und die aufstrebende Kurstadt bestens repräsentierte. Am 15. November 1906 um 2:23 Uhr war es schließlich soweit: der erste planmäßige Zug erreichte den neuen Bahnhof. Und Kathrin Schwedler hat beim Studium alter Pläne herausgefunden: „Das Relief mit den pustenden Damen befindet sich direkt über dem einstigen Wartezimmer für Nichtraucher." Nix war's also mit der Nichtraucherei – wenn es sich auch um steinernen Qualm handelte.

„*Das Relief mit den pustenden Damen befindet sich direkt über dem einstigen Wartezimmer für Nichtraucher.*"

Eva-Maria Bast

So geht's zum geflügelten Rad:

Es befindet sich an der Ostseite des Hauptbahnhofs. Dieser steht am Bahnhofsplatz 1.

02
Elster mit Ring
Die Schöne und die Vögel

Will sie das Schmuckstück etwa stehlen? Ausgerechnet über dem Schaufenster eines Juweliers findet sich das Relief einer Elster, die einen Ring im Schnabel hält – und jeder kennt ja den Begriff der diebischen Elster! Doch dieses Tier ist nicht das einzige – auch ein Papagei ist an der expressionistischen Fassade in Stein gehauen. Und in der Mitte, zwischen den beiden Vögeln, räkelt sich eine mit einer für die 1920er-Jahre typischen langen Perlenkette geschmückte Frau, die sich offenbar mit ihrem Kurzhaarschnitt und ihrem Schmuck ausgesprochen gut gefällt und ihren Anblick im Handspiegel bewundert.

Die Religionswissenschaftlerin und Leiterin der Fachstelle Bildung beim Evangelischen Dekanat Wiesbaden, Dr. Susanne Claußen, kennt die tiefere Symbolik dieser Darstellungen – und sie weiß auch, dass die expressionistischen Reliefs um 1920 angebracht wurden, als in das Vorderhaus dieses ältesten Gebäudes der Langgasse – um 1800 vom Seiler Valentin Roos erbaut – die Gold- und Silberwarenhandlung Hanna Bock einzog. „Der Papagei ist das barocke Symbol der Treue" sagt sie. Und das kommt nicht von ungefähr: „Wenn alles stimmt,

Der Papagei.

schnackelt es innerhalb von 24 Stunden. Einen einzigen Tag für einen Beziehungsbeschluss, der bis zur Trennung durch den Tod nicht mehr geändert werden wird", schreibt Elke Bodderas in *Die Welt*. Und weiter: „Für Papageien bedeutet ‚lebenslang' eine ähnlich lange Strecke wie für den durchschnittlichen Europäer - bei einer Erwartung von bis zu 80 Lebensjahren." Die Journalistin berichtet aber auch, dass die Papageien-Weibchen ähnlich wählerisch sind, „wie Akademikerinnen in

Dr. Susanne Claußen steht unter den Reliefs, die sie genau zu deuten weiß.

Internetbörsen." Und, sehr romantisch: „Papageienmännchen zeichnen sich durch extreme Beziehungsfähigkeit aus - sie trauern ihr Leben lang einer verlorenen Liebsten hinterher. Bei Papageien geht es nicht um Kraft, auch nicht um die Artistik der Stimme, die Buntheit des Gefieders, den sozialen Rang in der Gemeinschaft oder andere Meriten. Es geht um Geschmack, um Charakter, Persönlichkeit."

Auch in *Knaurs Lexikon der Symbole* findet sich einiges zum Papagei. Zum Beispiel das: „Konrad von Würzburg meinte, sein Gefieder werde vom Regen nicht naß, und er sei daher ein Symbol Mariae, die von der Erbsünde unberührt blieb." Jedoch: „In China war der südliche Papagei Symbol des liebenswürdig plappernden Freudenmädchens, doch auch Attribut der milden Göttin Kuanyin mit einer Perle im Schnabel." Bleiben wir ein wenig in China und wenden wir uns dem anderen hier abgebildeten Vogel, der Elster, zu: Dass die auf dem Relief einen Ring im Schnabel hat, muss, mit Blick in die chinesische Mythologie, mitnichten heißen, dass der Vogel das Schmuckstück klaut. In China gilt die Elster nämlich als Glückssymbol. „Ihr Schrei soll gute Nachrichten oder erfreuliche Gäste ankündigen", so das *Lexikon der Symbole*. Mit Bezug auf das Relief könnte das also bedeuten: die gute Nachricht einer Hochzeit oder einer Verlobung. Und für den Juwelier: die Ankunft eines Kunden, der viel Geld ausgeben will.

Die Elster hält einen Ring im Schnabel.

Wie der Papagei ist die Elster ebenfalls ein Glücksvogel für Liebende: „Ein Text aus dem 5. Jahrhundert n. Chr. erzählt, daß in alter Zeit Mann und Frau bei einer vorübergehenden Trennung einen Spiegel in zwei Teile brachen. Bei Ehebruch verwandelte sich der Spiegelteil des Sünders in eine Elster und kündete dem betrogenen Partner die Missetat an. Daher wurden Bronzespiegel oft mit eingeritzten Elsterbildern versehen. Bilder mit zwei Elstern bedeuten eheliche Liebesfreuden, besonders auf Hochzeitswünschen dargestellt", ist dem *Lexikon der Symbole* zu entnehmen. Und da auf den Reliefs zwei Vögel zu sehen sind, wenn auch der eine von beiden ein Papagei ist, könnte man die Vögel durchaus als Glücksbringer für die Liebe, die Verbundenheit und die Treue deuten. Der Schönen in der Mitte, die sich in ihrem Handspiegel bewundert, dürfte also durchaus Glück beschieden sein. Und der Schmuck, den es drinnen gab, sollte, so vermutlich die stumme Botschaft, selbiges komplettieren. Wählerisch ist die Schöne freilich – wie ja auch der Papagei – bei der Partnerwahl ebenso wie beim Schmuck. Und wie beim Papagei geht es um Geschmack und Persönlichkeit, die der Schmuck – natürlich – zum Ausdruck bringt, ebenso wie die Liebe, die er als Ehering, Verlobungsring oder auch einfach nur als Aufmerksamkeit des Partners krönt.

Die Schöne.

Ein Werbeschild des frühen 20. Jahrhunderts mit jeder Menge Tiefgang. Man muss die Symbole nur zu deuten wissen.

Eva-Maria Bast

So geht's zur Elster mit Ring:

Das steinerne Tier hängt, in trauter Gesellschaft mit Papagei und schöner Dame, an der expressionistischen Fassade des Hauses Langgasse 4 über dem Schaufenster im Erdgeschoss.

03

Schwarzes Ross
Köstlichkeiten unter goldenen Hufen

Die Hufe hat es erhoben, stolz und prachtvoll ist es, mit seiner tiefschwarzen Farbe und dem goldenen Zaumzeug. Der kleine Rappe an der Fassade des Traditionscafés Maldaner scheint sich an dem ihm zugewiesenen Platz offenbar ausgesprochen wohlzufühlen – kein Wunder, gehen zu seinen Füßen, pardon, unter seinen Hufen, doch tagtäglich satte und glückliche Menschen ein und aus. Wie aber kam das kleine Pferd an die Fassade? Und was hat es mit dem Café Maldaner zu tun?

„Wilhelm Maldaner hat es eigens anbringen lassen, nachdem ihm das Haus, also der Vorgängerbau, sozusagen unter den Händen zusammengebrochen ist", beginnt die heutige Pächterin Renate Schulz-Winkel zu erzählen. Allerdings nicht, weil er hoffte, dass es ihm Glück bringen möge, sondern aus Respekt vor der Geschichte des – nun eingestürzten – Hauses.

Doch der Reihe nach: Das Café Maldaner gibt es schon seit 1859: Damals eröffnete Adam Maldaner in der Friedrichstraße 5 den Gastronomiebetrieb, der sich über die Jahre zum Traditionshaus mausern sollte. Und er war von Anfang an erfolgreich. „Das liegt daran, dass die Caféhauseröffnung in eine günstige Zeit fiel", begründet die heutige Chefin des Café Maldaner. „1866 hatte Wiesbaden nahezu 30.000 Kurgäste und galt bereits ein Jahr später mit 52.000 Besuchern, dem Doppelten seiner Einwohnerzahl, als Königin der Badestädte." Die Bäckerei Maldaner zog in die Marktstraße – allerdings noch nicht an den heutigen Standort, sondern in das Haus mit der Nummer 27. Das Geschäft brummte. 1888, im Dreikaiserjahr, übergab Adam Maldaner das Unternehmen an seinen Sohn Wilhelm – und mit ihm kam das Maldaner an seinen heutigen Standort. Jetzt kommt auch das kleine schwarze Pferdchen ins Spiel: „Wilhelm Maldaner kaufte das Wirtshaus ‚Zum Schwarzen Rappen' in der Marktstraße 34", erzählt die Gastronomin. Als Maldaner es übernahm, war es aber lang schon kein

Ebenso wie das schwarze Ross oben an der Fassade. Das Schwarze Ross verweist auf die Geschichte des Gebäudes.

19

Gasthaus mehr: „Es hatte sich einige Zeit eine Buchdruckerei darin befunden, dann diente es als Notkirche bis zur Einweihung der Bonifatiuskirche", erzählt Renate Schulz-Winkel die wechselvolle Geschichte weiter. Anschließend nutzte es ein Metzger, dann kaufte es Wilhelm Maldaner – und dann stürzte es ein. Wilhelm ließ sich jedenfalls nicht lumpen, ebensowenig wie seine tüchtige Ehefrau Johanna. Die beiden krempelten buchstäblich die Ärmel hoch und packten an. Was dabei herauskam, war das Gebäude in seiner heutigen Form. „Und im Frontgiebel des Haupthauses wurde vor goldenem Hintergrund ein rund eine Tonne wiegender schwarzer Rappe aus Schönbrunner Sandstein angebracht – als letzte Erinnerung an das alte Haus", erläutert die Wiesbadenerin.

Und dann, 1905, war es so weit: Maldaner zog ein. 1906 wurde der Bahnhof eingeweiht, 1907 das Kurhaus. Wiesbaden boomte. Das Unternehmen auch: Eine Filiale nach der anderen wurde eröffnet. Renate Schulz-Winkel zählt auf: „Klarenthaler Straße 3, Wellritzstraße 47, Kaiser-Friedrich Ring 44, Kochbrunnenplatz 3." Im Keller des Stammhauses wurden die Köstlichkeiten hergestellt, außerdem befand sich hier die angegliederte Zwiebackfabrik. Das Erdgeschoss war an ein Kaufhaus, Noher&Co.,

Renate Schulz-Winkel liebt ihre Arbeit als Chefin des Café Maldaner.

vermietet, im 1. Stock betrieb ein Pächter ein Café. Johanna Maldaner änderte das im Jahr 1913 nach einem schweren Schicksalsschlag: Erst hatte sie im Frühjahr 1912 ihren Mann verloren, dann im Herbst noch ihren Schwiegervater. Doch die engagierte Frau wollte das Andenken der beiden unbedingt bewahren, kündigte dem im 1. Stock beheimateten Café Imperial, eröffnete dort das Café Maldaner und eine Etage drüber gleich noch ein Weinrestaurant. Es folgten schwere Jahre: Der

Erste Weltkrieg brach aus, Geld für Lebensmittel und Genuss war rar, nach dem Krieg besetzten die Franzosen das Erdgeschoss und brachten dort ihre Pressestelle unter. Doch dann fand die Witwe Johanna ein neues Glück – in Gestalt des 59-Jährigen Carl Schwerdtfeger, ein Kollege, der zuvor das Bahnhofsrestaurant bewirtschaftet hatte. Er hatte für Johanna nicht nur Liebe übrig, sondern auch eine Menge Erfahrung in der Gastronomie, außerdem brachte er fünf Kinder und ein großes Vermögen mit in die Ehe. 1921 trat sein Sohn Paul ins Unternehmen ein, 1923 gaben die Franzosen das Gebäude frei, das Haus wurde saniert und das Café zog nun ins Erdgeschoss um. „Im ersten Obergeschoss richtete Johanna Schwerdtfeger ein Konzertcafe ein", erzählt die heutige Pächterin.

„Dadurch haben wir ein Stück Weltkulturerbe mitten in der Altstadt."

Nach nur sechs Jahren Ehe hatte Johanna dann den Verlust ihres zweiten Ehemanns zu beklagen: Carl Schwerdtfeger starb am 24. Mai 1924 im Alter von 65 Jahren. Fünf Jahre später trat eine Frau ins Leben der Betreiberfamilie, die für die Unternehmensgeschichte noch von großer Bedeutung sein sollte: Die Lehrerin Josefine Jeuck, die eine Stelle als Haushälterin bei Johanna und Paul Schwerdtfeger antrat und sich auch um die Betreuung der Kinder kümmerte. Neun Jahre später arbeitete sie engagiert im Unternehmen mit. Und dann, nach dem Zweiten Weltkrieg, wurde das Haus erneut beschlagnahmt: diesmal durch die Amerikaner, die im ersten Stock einen Club einrichteten. „Als Paul Schwerdtfeger am 23. August 1949 starb, übernahm Josefine Jeuck die alleinige Geschäftsführung", erzählt Renate Schulz-Winkel weiter. „Ab 1960 wurde sie von ihrem Neffen Wilfried und ihrer Nichte Katharina unterstützt."

Johanna Schwerdtfeger starb am 14. Mai 1964. Sie hatte ein biblisches Alter von 91 Jahren erreicht. Ähnlich alt wurde Josefine Jeuck: Sie übergab das Café Maldaner im Alter von 95 Jahren zum 1. Januar 2001 an Renate Schulz-Winkel und ihren Mann Michael Schulz. Die führten es zu neuer Blüte, jahrelang haben sie immer wieder saniert, ein liebevolles Detail reihte sich ans nächste, baulich und atmosphärisch schufen sie ein ebensolches Meisterwerk wie ihre Konditorenmeister auf kulinarische Weise. Und die Wiesbadener halfen mit:

„Immer wieder bringen uns Menschen Gegenstände aus Nachlässen, von denen sie denken, dass sie zu uns passen könnten", sagt Renate Schulz-Winkel. Wertvolle Sofas, die die Gastronomen dann aufarbeiten lassen, alte Kaffeemühlen und derlei Dinge mehr stehen in Wiesbadens größtem Wohnzimmer, das durch all diese Dinge noch ein Stück authentischer wird. 2011 erhielt das Café die Auszeichnung *Erstes Original Wiener Kaffeehaus Deutschlands*. „Die Wiener Kaffeehauskultur ist weltberühmt und wurde im gleichen Jahr von der UNESCO sogar in die Liste des immateriellen Weltkulturerbes aufgenommen", sagt die heutige Betreiberin und ergänzt schmunzelnd: „Dadurch haben wir ein Stück Weltkulturerbe mitten in der Altstadt."

Renate Schulz-Winkel ist mit Herzblut dabei. Und das wird wohl noch viele Jahrzehnte so bleiben: Denn das haben Johanna Schwerdtfeger und Josephine Jeuck bewiesen: Die Frauen des Café Maldaner werden alt.

> *„Immer wieder bringen uns Menschen Dinge aus Nachlässen, von denen sie denken, dass sie zu uns passen könnten."*

Eva-Maria Bast

So geht's zum Schwarzen Ross:

Es hängt unübersehbar an der Fassade des Café Maldaner, Marktstraße 34.

Walter Goertz zeigt auf das Mühlenzeichen am Haus Herrnmühlgasse 11.

04

Mühlenzeichen
Die Mühle des Landesherrn

Es waren Szenen, wie die Romantiker sie liebten: *Die klappernde Mühle am rauschenden Bach* ging ins Volkslied ein, die sprichwörtlich *Schöne Müllerin* wurde im Liederzyklus von Franz Schubert (1797-1828) verewigt und ist heute fester Bestandteil im Repertoire vieler bedeutender Tenöre. Noch immer sind Mühlen im Grünen beliebte Ausflugsziele, locken Gasthäuser wie die „Hockenberger Mühle" in Wiesbaden eine hohe Zahl von Gästen an.

Auch wenn es heute kaum mehr vorstellbar ist: Wiesbaden war eine Mühlenstadt. „Zur Blütezeit standen an elf Bächen fast 70 Wassermühlen", sagt Walter Goertz. Seit vielen Jahren befasst sich der Architekt im Ruhestand mit diesem besonderen Aspekt der Stadtgeschichte und kann darüber jede Menge erzählen. „Bis Mitte des 19. Jahrhunderts gab es eine wahre Mühlenvielfalt: Außer Getreidemühlen hatten wir in Wiesbaden zum Beispiel Öl-, Papier-, Schleif- und Gewürzmühlen, zudem gab es auch sogenannte Sondermühlen: Eine Schiffsmühle in Biebrich, eine Dampfschneidmühle an der Aarstraße, eine Rossmühle in Dotzheim und auch eine Windmühle in Erbenheim", zählt er auf.

Zu den Getreidemühlen gehörte auch die Herrnmühle. Sie stand tatsächlich dort, wo es der Straßenname vermuten lässt: Mitten in der heutigen Innenstadt, etwa im Bereich der Herrnmühlgasse 9-11. Heute steht dort ein modernes, mehrstöckiges Wohn- und Geschäftshaus mit weißer Fassade. An ihm wäre nichts Ungewöhnliches, wäre nicht ein alter Stein mit der Jahreszahl 1787 in die Fassade integriert worden. „Das ist ein Stein aus der alten Herrnmühle", erklärt Walter Goertz. „Vermutlich war er dort über dem Mühlenzugang in die Fassade eingelassen." Der Stein zeigt über einem halben Kammrad eine sogenannte Haue. Was für den Laien wie der obere Teil einer Doppel-Axt wirkt, wird von dem Experten folgendermaßen erklärt: „Das war ein Eisenteil zum Fixieren des oberen Mahlsteins, dem sogenannten Läufer, auf dem senkrecht stehenden und sich drehenden Mühleisen, das durch den festliegenden Bodenstein führte." Die Schrift darüber ist nahezu verwittert – auf älteren Fotos kann „HEST und CEST" entziffert werden, was sich auf Hans Friedrich Stritter („Hest") und seine Frau Cornelia Stritter („Cest") beziehen dürfte, die ab 1782 als Erbleihpächter der Herrnmühle überliefert sind. Die Jahreszahl 1787 auf dem Stein lässt sich noch gut ablesen. Tatsächlich ist die Herrnmühle aber noch viel älter: Aus dem Jahr 1341 datiert eine Urkunde, in der sie erstmals erwähnt wird. „Ihr Name bedeutet, dass sie dem Landesherrn gehört hat, der die Mühle mit einem Mühlenbrief an einen Müller verpachtete", erklärt Walter Goertz. Während das in der Anfangszeit der Mühle Graf

Haue und Kammrad weisen den Stein als Mühlenzeichen aus.

Gerlach I. von Nassau-Sonnenberg (1305-1344) war, ging die Mühle später an den Herzog von Nassau über. Die Pacht der Herrnmühle zog natürlich Abgaben des Pächters nach sich: „Das war unter anderem auch die Lieferung von zwei fetten Schweinen pro Jahr", erzählt Walter Goertz schmunzelnd. Bei seinen Recherchen hat er festgestellt, dass aus dem 19. Jahrhundert die Namen etlicher Müller bekannt sind. Anfang des 20. Jahrhunderts wurde die Herrnmühle wegen der Überbauung des Dendelbachs auf Dampfbetrieb umgestellt. „Wie lange dann aber der Mühlbetrieb noch gelaufen ist, ist nicht bekannt", meint Walter Goertz.

In der Wiesbadener Bombennacht im Februar 1945 zerstörten Fliegerbomben das Anwesen. Nach dem Krieg wurde an seiner Stelle das *Tagblatt-Haus* gebaut, in das die Redaktion des *Wiesbadener Tagblatt* einzog, bevor sie 1990 für neun Jahre an den Michelsberg verlegt wurde und 1999 ins Pressehaus in der Langgasse zurückkehrte. Bis jetzt soll sich ein alter Mühlstein im Keller des Hauses befinden.

Heute erinnern oft nur noch Straßennamen an die alten Wiesbadener Mühlen: Wie beispielsweise der Mühlberg oder die Mühlwiesenstraßen in Sonnenberg und die Mühlstraße in Erbenheim. Gaststätten wie die „Straßenmühle" berufen sich auf diese Vergangenheit oder sogar Bushaltestellen wie „Kahle Mühle". Winzige Denkmäler einer langen Geschichte, denn vermutlich wurde die erste wassergetriebene Mühle in Wiesbaden im Hochmittelalter in Betrieb genommen. „Wasser gab es in den Bächen rund um Wiesbaden und im Rhein reichlich, deshalb konnten die Mühlen gut arbeiten", sagt Walter Goertz. „Sie prägten die Landschaft und waren zunächst eigentlich nichts Besonderes: Es wurden einfach Dinge des täglichen Bedarfs hergestellt wie Mehl oder Öl." Das änderte sich im 19. Jahrhundert: Die Wiesbadener waren zwar an ihre vielen Mühlen gewöhnt, nicht aber die Kurgäste, die gerne Ausflüge zu den ehemaligen Mühlenstandorten unternehmen – so zur Dietenmühle, die an der Promenade in Verlängerung des Kurparks lag und ein gern besuchtes Ausflugslokal geworden war. Oder zur Lohmühle am Ende des Nerotals. Nach einer Nutzung als Kaltwasser-Heilanstalt entstand das Restaurant „Beausite". Manche Ausflugslokale bestehen bis heute. Die Mühlen übten auf ihre Besucher einen besonderen Reiz aus: „Wegen ihrer Lage oder auch wegen der Produkte, die sie herstellten. Vielleicht auch wegen der Mühlenbetreiber selbst, um die sich schnell Geschichten rankten", überlegt Walter Goertz. So schön und romantisch das klingt, so ernüchternd waren die Probleme, mit denen sich die Müller konfrontiert sahen: Gerade ihre einsame Lage machte manche Mühlen auch zum leichten Ziel für Diebesbanden. Hochwasser oder extreme Trockenheit erschwerten den normalen Arbeitsalltag – in Wiesbaden wurde manchen Mühlen im wahrsten Sinne des Wortes das Wasser abgegraben: „Weil die Bevölkerung wuchs und damit auch der Bedarf an Trinkwasser größer wurde, legte man im Taunus Wasserstollen an. Dadurch wurden die unterirdischen Wasserströme umgeleitet und die Bäche führten immer weniger Wasser", erklärt Walter Goertz. Unweigerlich führte das neben der zunehmenden Industrialisierung dazu, dass immer mehr Mühlen aufgegeben werden mussten. Weil in Wiesbaden eine rege Bautätigkeit herrschte, verschwanden gerade die Mühlen in der heutigen Innenstadt – mittlerweile kann man sich kaum mehr vorstellen, dass sich dort einmal Mühlräder gedreht haben. Mitte der 1960er Jahre stellte die letzte Mühle in Delkenheim ihren Betrieb ein. Das Mühlenzeichen am Haus in der Herrnmühlgasse 11 aber ist tatsächlich noch ein sichtbares Relikt aus einer anderen Zeit.

„Bis Mitte des 19. Jahrhunderts gab es eine wahre Mühlenvielfalt: Außer Getreidemühlen hatten wir in Wiesbaden zum Beispiel Öl-, Papier-, Schleif- und Gewürzmühlen."

Eva Wodarz-Eichner

So geht's zum Mühlenzeichen:

Der alte Stein aus der Herrnmühle wurde in das neue Gebäude Herrnmühlgasse 11 neben der Haustür integriert. Er ist von der Straße aus gut zu sehen.

Eine der Brillen in Wiesbaden.

Brillen
Mit den Augen eines Künstlers

Auf den ersten Blick wirkt es, als habe ein Kind seine Spielbrille an die Wand gehängt: Weißer Rahmen, ein blaues Glas und ein rotes. Doch ein Kind kommt nicht in diese Höhe, die Brillen sind allesamt weit oben angebracht. Hat man sie einmal entdeckt, findet man sie an vielen verschiedenen Orten in Wiesbaden. Einfach so. Keine Erklärung, nichts. Fragt man Passanten, ob sie etwas zu den bunten Brillen wissen, erntet man zweierlei Reaktionen. Entweder: Nie bemerkt. Oder: Das habe ich mich auch immer wieder gefragt. Die Recherche führt schließlich zu einem Mann, der anonym bleiben will, seinen Künstlernamen aber kundtut – der ist auch auf den Brillen zu lesen, wenn man genau hinschaut: eisk.one. Er kommt aus Berlin und seine Brillen sind nicht nur in Wiesbaden, sondern im ganzen Rhein- Main-Gebiet zu finden. Die bunten Wände der Hauptstadt hätten ihn seit seiner Kindheit inspiriert, sagte er in einem, natürlich anonymen, Interview. Später zieht er ins Rhein-Main-Gebiet, verdingt sich mit Graffiti, 2015 folgt eine Reise nach London, auf der er die Inspiration findet, vom Zwei- ins Dreidimensionale zu gehen. Und warum ausgerechnet die Brille? Das hat zwei Gründe: Der eine ist ein Aufschrei gegen die Überwachung des Individuums im digitalen Zeitalter. Der andere: Die Menschen zum Schauen zu verleiten. Dazu, nicht immer nur auf das Smartphone zu starren, sondern die Umgebung, die Stadt, in der man sich bewegt, wahrzunehmen. Deshalb hängt der Künstler die Brillen auch so weit oben auf – weil es sich lohnt, den Blick schweifen zu lassen und nicht immer nur nach unten zu schauen, auf das Handy. Denn die Schönheit offenbart sich nur dem, der sie zu sehen vermag. Das gilt auch für eine Stadt.

„*Es waren wohl die faszinierenden Eigenschaften der durchsichtigen Steine, für die Zeitgenossen ganz neu und noch wenig bekannt, die sie zum Thema der mittelhoch-deutschen Dichtung avancieren ließen.*"

Wie lange es Brillen schon gibt, gilt als umstritten. In einigen Quellen wird behauptet, dass bereits der griechische Mathematiker Archimedes (gest. 212 v. Chr.) einen Kristall getragen habe, der seine Sehfähigkeit verstärkte. Der römische Philosoph Seneca der Jüngere (1-65 n. Chr.) stellte im 1. Jahrhundert n. Chr. fest: „Kleine und undeutliche Buchstaben erscheinen schärfer und größer, wenn man sie durch eine mit Wasser gefüllte Kugel betrachtet." Etwa 1000 n. Chr. schrieb der arabische Mathematiker Abu Ali al-Hasan ibn al Haitham (um 965-1039 oder 1040), auf Latein auch Alhazen genannt, das Buch *Schatz der Optik*, in dem auch er feststellte, dass ein Gegenstand größer wirkt, wenn man ihn durch eine gläserne Kugel ansieht. Übersetzt wurde das Buch 250 Jahre später von Franziskanermönchen und es waren wohl auch Mönche, die den sogenannten ‚Lesestein' aus Bergkristall herstellten. Lesegläser oder Lesesteine waren Halbkugeln aus

Glas oder Edelsteinen, die man wie eine Lupe auf die Schrift legte und sie dadurch vergrößerte.
Die Brille, wie man sie heute kennt, wurde gegen Ende des 13. Jahrhunderts in Norditalien erfunden. Urkundliche Erwähnung erfuhr sie 1305 durch den Dominikaner Giordano da Rivalto (1260-1311). Er schrieb, dass sein Glaubensbruder Alessandro della Spina (1201-1286) um 1285 Brillengläser geschliffen habe. Doch wer hat die Brille denn nun eigentlich erfunden?

„Wenn den Augen der Vernunft ein vernunftgemäßer Beryll richtig angepasst wird, wird durch seine Vermittlung der unteilbare Ursprung von allem berührt."

In den Jahren 1684 bis 1920 ging man davon aus, dass es Salvino degli Armati gewesen sei. Der allerdings ist selbst eine Erfindung des Florentiner Publizisten Leopoldo del Migliore (1628-1696). Wer die Brille wirklich entdeckt hat, ist bis heute nicht sicher. Es war wohl wie bei so vielem einfach eine Weiterentwicklung. Als wahrscheinlich gilt jedoch, dass die frühesten Brillenträger italienische Mönche und Nonnen waren. Die ersten noch erhaltenen Brillen fand man 1953 im ehemaligen Zisterzienserinnenkloster im niedersächsischen Wienhausen. Sie stammen aus der Mitte des 14. Jahrhunderts.

In der Kunst fand die Brille schon früh große Beachtung, eisk.one steht da mit seiner Installation in guter und langer Tradition. Die älteste Darstellung einer Brille findet sich auf den Fresken im Kapitelsaal von San Niccolo in Treviso und ist 1352 durch den italienischen Maler Tommaso da Modena (1325-1379) entstanden. Die erste Darstellung nördlich der Alpen ist auf dem Altar der Bad Wildunger Stadtkirche zu sehen und wurde 1403 von Conrad von Soest (1370-1422) erschaffen. Der hier dargestellte Apostel ist auch als „Brillenapostel" in die Geschichte – oder besser: in die Kunstgeschichte – eingegangen.

Aber auch in der Literatur spielt die Brille eine große Rolle. Julia Ricker schreibt in einem lesenswerten Aufsatz im Magazin für Denkmalkultur Deutschland, *Monumente*: „Es waren wohl die faszinierenden Eigenschaften der durchsichtigen Steine, für die Zeitgenossen ganz neu und noch wenig bekannt, die sie zum Thema der mittelhochdeutschen Dichtung avancieren ließen." Ricker nennt einige Beispiele: „Im ‚Jüngeren Titurel' Abrecht von Scharfenbergs ist das Herz so klar und rein wie ein Beryll. Wie dieser die Schrift vergrößere, so heißt es in dem Epos aus der Zeit um 1270, habe es die Eigenschaft, die Tugenden wachsen zu lassen." Und für den Philosophen Nikolaus Cusanus (1401-1464) sei die Brille „zur Grundlage für die Erkenntnisschau" geworden, erklärt Julia Ricker. In seiner Schrift „De beryllo" von 1458 schreibe er, dass derjenige, der durch den geschliffenen Beryll hindurchsehe, zuvor Unsichtbares berühre. Ricker zitiert: „Wenn den Augen der Vernunft ein vernunftgemäßer Beryll richtig angepasst wird, wird durch seine Vermittlung der unteilbare Ursprung von allem berührt." Wenn der Mensch die Wahrnehmung seiner Augen mit der Brille erweitere, „verändere er nicht nur seinen optischen Zugang zur Welt, sondern auch seine Haltung zu ihr", fasst die Autorin die Gedanken des Universalgelehrten zusammen. „Denn bisher verborgene Dinge würden plötzlich sichtbar und erhielten einen tieferen Sinn." Diese Gedanken passen wiederum gut zu jenen des Installationskünstlers eisk.one. Ein veränderter Zugang zur Welt. Reflektieren. Schauen. Wahrnehmen.

„Denn bisher verborgene Dinge würden plötzlich sichtbar und erhielten einen tieferen Sinn."

Eva-Maria Bast

So geht's zu den Brillen:

Sie befinden sich an verschiedenen Stellen in Wiesbaden, zum Beispiel am Römertor oder am Haus Taunusstraße 65.

Von der Antike bis heute ein Rätsel: das magische Quadrat.

Magisches Quadrat 06
Rätselhafter Segensspruch

Wer an diesem Haus vorbeikommt, bleibt unweigerlich stehen und versucht, die seltsame Inschrift zu entziffern, die einem sofort ins Auge fällt: In einem Quadrat sind die Worte SATOR / AREPO / TENET / OPERA / ROTAS angeordnet. Eine uralte lateinische Inschrift?

„Wie man es nimmt", sagt Gabriele Glessmann lachend. Die Rambacher Heimatforscherin wurde schon oft nach dem seltsamen Quadrat gefragt. Uralt ist das Haus, auf dem es angebracht ist, schon mal nicht: Die Niedernhausener Straße wurde um 1880 angelegt; bis sie ganz ausgebaut war, dauerte es bis 1910. Das Haus selbst stammt aus der Zeit vor dem Ersten Weltkrieg. Im Erdgeschoss war zeitweise eine Leihbücherei untergebracht. Den Zweiten Weltkrieg überstand das Gebäude schwer beschädigt: „Rambach wurde in der Nacht vom 2. auf den 3. Februar 1945 von einem schweren Bombenangriff getroffen und zahlreiche Menschen kamen ums Leben", sagt die frühere Vorsitzende des Rambacher Heimatkreises.

Später übernahm der Wirtschaftsprüfer Dr. Oswald Krempel das Haus. Er selbst stammte nicht aus Rambach, war aber sehr an der Geschichte des Ortes interessiert. „Er war es auch, der irgendwann das Palindrom am Haus anbringen ließ. Ein Palindrom ist eine Reihe von bestimmten Lauten oder Buchstaben, die man vorwärts oder auch rückwärts lesen kann", erklärt Gabriele Glessmann.

Oswald Krempel war ein vielseitig interessierter Mann, der bei seinen Studien auf das magische Quadrat gestoßen ist. Es ist mindestens 2000 Jahre alt und hat sich von Kleinasien und Italien über das ganze Abendland verbreitet. Und es hat viele Enträtselungsexperten auf den Plan gerufen – denn richtiges Latein, wie man auf den ersten Blick vermutet, sind die Worte im Quadrat nicht. Was also verbirgt sich hinter der geheimnisvollen Inschrift? Ein Zauberspruch? Eine Beschwörungsformel? Ein Segen?

Gabriele Glessmann betrachtet das magische Quadrat. Normalerweise hängt es direkt an der Wand, für den Fototermin hat sie es aber extra auf eine Staffelei gestellt.

„Sicher ist, dass die Formel als Schutz vor bösen Geistern, vor Brand und allem Unheil verwendet wurde. Oswald Krempel gefiel dieser Gedanke, deshalb ließ er das Palindrom anbringen. Mit einem Augenzwinkern hat er immer gesagt, dass die Formel aber leider nicht vor dem Unverständnis mancher Leute schützt, die sich mit dem magischen Quadrat gar nicht anfreunden konnten", erzählt Gabriele Glessmann schmunzelnd.

Aber wie kann man das Quadrat überhaupt lesen und die Formel übersetzen? „Es gibt verschiedene Theorien", erklärt die Heimathistorikerin. Tatsächlich lässt sich die Inschrift aus 25 Buchstaben, die, egal, von welcher Seite sie gelesen werden, immer dieselben fünf Wörter ergeben, nicht ohne Weiteres übersetzen: „Einfach deshalb, weil es vier lateinische Wörter sind, aber das fünfte, ‚Arepo', ergibt keinen Sinn." Es sei denn, man deutet es als Namen um. Dann könnte man aus dem Quadrat den Satz „Sämann Arepo hält mit Mühe die Räder" lesen. Was nicht wirklich ein Segens- oder Zauberspruch ist. Besser, man folgt einer ganz bestimmten antiken Lesart – und zwar im wahrsten Sinne des Wortes: Wird das Quadrat „furchenwendig" gelesen, also eine Zeile von links nach rechts, die nächste dann von rechts nach links und so weiter und liest man die Mittelzeile „Tenet" doppelt, erhält man den gespiegelten Satz: „Sator opera tenet, tenet opera Sator". Wie von Zauberhand ist das sinnfreie Wort „Arepo" verschwunden. Jetzt kann man übersetzen: „Der große Sämann hält die Werke in seiner Hand; die Werke hält in seiner Hand der große Sämann." Ein wunderbarer Glaubenssatz, der den, der ihn betet, mit Vertrauen und Zuversicht erfüllt. Sicherlich ließe sich noch viel mehr aus dem Quadrat herauslesen – die Tüftler haben sich noch längst nicht zur Genüge an dem antiken Rätsel ausgetobt. Und auch wenn Oswald Krempel längst verstorben ist: Das magische Quadrat an seinem Haus wird weiter die Menschen in ihren Bann ziehen.

> *„Einfach deshalb, weil es vier lateinische Wörter sind, aber das fünfte ‚Arepo', ergibt keinen Sinn."*

Eva Wodarz-Eichner

So geht's zum magischen Quadrat:

Das Haus mit der geheimnisvollen Inschrift steht in Rambach an der Ecke Ostpreußen- und Niedernhausener Straße.

Zahl

Ein kurzer Kilometer und viele Schilder

Auf der Mauer am linken Ufer des Rheins steht eine anderthalb mal ein Meter große weiße Tafel mit schwarzem Rand, auf der klar und deutlich die tiefschwarze Zahl 503 prangt. Vom Biebricher Schloss aus ist sie gut zu sehen. An der Tafel steht keinerlei Erklärung – was hat sie zu bedeuten?

Einer, der es weiß, ist der Journalist, Autor und Rheingauer Kultur- und Weinbotschafter Wolfgang Blum. „Die 503 am Biebricher Schloss steht für den Rheinkilometer 503", sagt er. „Es ist in Europa üblich, dass Flüsse kilometriert werden. Dabei wird die 0 beim Beginn der Schiffbarkeit gesetzt, auch wenn sich der Fluss bis dahin schon über eine ganze Strecke durch die Gegend schlängelt." Wenn er Biebrich erreicht, ist der Rhein also 503 Kilometer lang – oder, anders ausgedrückt: In Biebrich ist der Rhein schon seit 503 Kilometern schifffahrtstauglich. Oder etwa nicht?

„Ganz so einfach ist es nicht", lacht der erfolgreiche Buchautor, der am liebsten über den Rheingau, den Wein und das Wandern schreibt. Zwischen Konstanz, wo die 0 steht, und der Rheinmündung in den Niederlanden bei Stromkilometer 1036 legt der Rhein mitnichten eine Strecke von 1036 Kilometern zurück. Und ein Kilometer sind auch nicht zwangsläufig 1000 Meter – doch der Reihe nach.

Seit 1939 ist die bestehende Kilometerzählung gültig; nach ihr richten sich Schifffahrt, Bootsfahrer und auch die Spaziergänger an den Ufern. Schon früher wurden erste Markierungen eingeführt, die aber nach der Rheinbegradigung zu Anfang des 19. Jahrhunderts überflüssig wurden. In der Zeit zwischen etwa 1880 und 1939 führten die jeweiligen Rheinuferstaaten Baden, Bayern, Hessen und Preußen, die Schweiz, das Elsass und die Niederlande für ihre Flussabschnitte eine eigene Zählung ein. „Mehrfach wurde dann versucht, die Kilometrierung anzupassen", erzählt Wolfgang Blum. Schließlich ergaben sich

Wolfgang Blum weiß, was es mit der Zahl 503 auf sich hat.

drei „kurze Kilometer, die durch ungenaue Messungen entstanden sind", die die unterschiedlichen Messungen ausgleichen sollten. Tatsächlich ist der Rhein ab Konstanz etwa 1,2 Kilometer kürzer als die Kilometerzahl anzeigt.

Einer der drei „kurzen Kilometer" liegt zwischen Stromkilometer 529 und 530 bei Bingen. Rund 535 Meter ist das Rheinstück an dieser Stelle lang. Wenn Wolfgang Blum seine Gäste in Rüdesheim an der Ruine Ehrenfels herunterschauen lässt, ist das Staunen immer groß: „Es fällt sofort auf, dass zwischen den beiden Kilometermarkierungen nie und nimmer 1000 Meter liegen", sagt er.

Mit wohl keinem Fluss in Deutschland werden so viele Emotionen verbunden, keiner hat so viele Sagen und Mythen hervorgebracht wie „Vater Rhein", der vielerorts als bärtiger Mann mit langem Haar, Weinpokal und Dreizack wie ein jüngerer Bruder Neptuns dargestellt wird.

„Dabei wird die 0 beim Beginn der Schiffbarkeit gesetzt, auch wenn sich der Fluss vielleicht schon über eine ganze Strecke durch die Gegend schlängelt."

Schon immer war der Rhein eine bedeutende Verbindungsachse in Europa. Seit der Römerzeit wurde er als wichtiger Handelsweg genutzt – der durchaus seine Tücken hatte, nicht nur an der Loreley. Entlang des Rheingaus ändert der Fluss auf seinem Weg von Süd nach Nord die Richtung – hier fließt er von Ost nach West, was den Hügeln optimale Bedingungen für den Weinbau schenkt. Es ist kein Geheimnis, dass auf dem Johannisberg der Schnee früher schmilzt als anderswo, dass dort im Laufe des Jahres die Reben im Sonnenlicht baden und dass man die Sonne auch später im Glas schmeckt. 1.600 Sonnenstunden im Jahr, nur wenige Niederschläge, milde Winter und warme Sommer – das Klima am 50. Grad nördlicher Breite schafft ideale Bedingungen, die auch Feigen, Kiwis, Aprikosen und Pfirsiche wachsen lassen. Der weltberühmte Wein stammt aus einem Anbaugebiet, das nur rund 3.100 Hektar umfasst. Zu 80 Prozent wird dort Riesling angebaut, weit abgeschlagen dahinter ist der Spätburgunder, der rote Rheingauer, der etwa zwölf Prozent aller Rebstöcke ausmacht. Kenner schmecken, auf welchem Boden der Wein gewachsen ist, ob auf sandigem Lehmboden oder auf Schieferböden, wie sie in Rüdesheim zu finden sind und denen man nachsagt, dass sie die Weine eleganter und interessanter machen.

Der Rheingau ist Kulturlandschaft. Goethe war hier, Friedrich Hölderlin, Heinrich von Kleist, Victor Hugo und der englische Maler William Turner. Als Clemens von Brentano und Achim von Arnim anno 1802 das Mittelrheintal bereisten und darüber schrieben, wurde es zur touristischen Attraktion – alles, was mit dem Rhein, seinen Burgen und deren fast vergessenen Sagen zu tun hatte, war absolut angesagt. Jeder junge Herr aus gutem Hause besuchte auf seiner Kavalierstour den Rheingau und das Mittelrheintal und gerade in der englischen Aristokratie war die Rheinreise gar ein „must". Das Ursprüngliche, das Raue, das Wildromantische lockte und so wurde der Begriff der „Rheinromantik" geprägt. Noch fast ein ganzes Jahrhundert lang war der Rhein Thema in allen Kunstgattungen. Franz Liszt, Robert und Clara Schumann und natürlich Richard Wagner, der fast ein ganzes Jahr lang in Biebrich lebte und arbeitete, setzten dem Fluss ein musikalisches Denkmal.

Längst verfallene Burgruinen wurden wieder instand gesetzt und man träumte sich in ein romantisch-verklärtes Mittelalter zurück. Noch heute sind die Burgen am Rhein Publikumsmagneten, die Besucher von Tokio bis New York anziehen. Sie fliegen um die halbe Welt, um etwas von der legendären Rheinromantik zu erhaschen.

Doch zurück nach Biebrich. Der Stromkilometer 503 markiert auch den Beginn des Rheinsteigs, des 320 Kilometer langen Wanderwegs zwischen Wiesbaden und Bonn. Klar, dass Wolfgang Blum ihn schon gelaufen ist. Und sich bei den Stromkilometern bestimmt nicht verzählt hat.

Eva Wodarz-Eichner

So geht's zur Zahl:

Die große 503 ist unterhalb des Biebricher Schlosses an der Mauer direkt am Rheinufer angebracht.

Bernhard Hager vor der Kaiserpforte. Hier sind fürstliche Gäste in Wiesbaden angekommen.

08
Kaiserpforte
Ankunft mit fürstlichem Pomp

Wiesbaden Hauptbahnhof, Montagmorgen. Menschen hasten durch die Bahnhofshalle, werfen nervöse Blicke auf die Armbanduhr oder das Handy, kaufen noch schnell eine Zeitung oder einen Kaffee, bevor sie ans Gleis eilen. Herren im Anzug und mit Aktentasche sind darunter, Damen mit Sonnenbrille im Haar, Teenies mit Kopfhörern. Sie müssen zur Arbeit, zu einem wichtigen Termin, zur Schule. Ein paar Reisende, die klackernd ihre Trolleys hinter sich herziehen und unsicher ihre ausgedruckten Reiseinformationen mit den Zuganzeigen vergleichen, sind auch schon unterwegs. Kaum einer hat einen Blick für das prächtige Bahnhofsgebäude übrig und fast niemand nimmt Notiz von dem großen, grauen Steinportal an Gleis 1. Es ist prächtig mit Eichenlaub und Wappenschilden verziert, doch die Türen, die heute hindurch führen, scheinen billig zusammengeschustert. Sollte man es wagen, an einer Türklinke zu rütteln, findet man sie verschlossen.

Dabei hatte genau dieses Steinportal einst eine so große Bedeutung. „Das war einmal der Eingang zum so genannten Fürstenpavillon", erklärt Bernhard Hager. Der Historiker und Eisenbahnspezialist stammt aus Wiesbaden, arbeitet heute in einer Frankfurter Behörde, ist aber auch als Gästeführer in der hessischen Landeshauptstadt unterwegs. Und er hat unzählige Aufsätze und eigenständige Publikationen zum Thema Eisenbahn verfasst. „Wenn Kaiser Wilhelm mit seinem Gefolge in Wiesbaden ankam, fuhr der Zug auf Gleis 1 ein. Der Kaiser konnte direkt aussteigen und sich durch die sogenannte Kaiserpforte in den Fürstenpavillon begeben – das war so etwas wie seine exklusive Empfangshalle", erklärt Bernhard Hager. Sicherlich waren auch schon auf dem Bahnsteig ein paar Honoratioren des Stadt anwesend, die den hohen Gast gleich am Zug begrüßten, wenn Seine Majestät erwartet wurde, aber ein bisschen wollte man den Kaiser und sein Gefolge doch vom Betrieb in der Bahnhofshalle abschirmen. Im relativ schlicht gehaltenen Fürstenpavillon konnten die Herrschaften erste Erfrischungen zu sich nehmen, ein paar Hände schütteln und einfach in Ruhe ankommen, bevor an der Außenpforte des Pavillons die Kutschen vorfuhren.

Eine derart komfortable Ankunft war in Wiesbaden erst mit der Eröffnung des Hauptbahnhofs im November 1906 möglich, ans Bahnnetz angeschlossen war die Stadt aber deutlich früher: Schon ab 1840 konnte man mit der Taunusbahn von Frankfurt über Höchst und Kastel auch Wiesbaden erreichen (siehe Geheimnis 01). „Später wurden dann drei nebeneinander situierte Bahnhöfe an der Rheinstraße angelegt, aber das war den Wiesbadenern nicht repräsentativ und auch nicht praktisch genug, und so gab es schon ab den 1870er-Jahren Planungen für eine Neuordnung der Bahnhofsverhältnisse", erklärt Bernhard Hager. Das sei typisch gewesen für mitteleuropäische Städte: Einzelne Bahnlinien (wie in Wiesbaden beispielsweise die Rheinbahn oder die Taunusbahn) hatten ihre eigenen Bahnhöfe, bevor alle

Linien in größeren, zentralisierten Bahnhöfen zusammengefasst wurden.

Nach besagten Planungen tat sich dann aber lange nichts – erst, als sich Oberbürgermeister Carl von Ibell (1883-1913) beim Kaiser persönlich für den Bau des neuen Hauptbahnhofs einsetzte, kam Bewegung in die Sache. „Ab der Jahrhundertwende sind deutliche Fortschritte des Bahnhofsprojektes zu spüren, was ganz offensichtlich ein Resultat der Begeisterung Wilhelms dafür war. Wichtig ist dabei auch eines: Wilhelm II. war nicht ‚nur' deutscher Kaiser, sondern in erster Linie preußischer König und als solcher oberster Dienstherr der preußischen Staatsbahn", so Bernhard Hager.

Ein großer und architektonisch aufwendig gestalteter Kopfbahnhof sollte 700 Meter südlich des Standorts der alten Bahnhöfe gebaut werden. Als Architekt konnte Fritz Klingholz (1861-1921) gewonnen werden, damals einer der bedeutenden deutschen Eisenbahnarchitekten. Er plante den neuen Wiesbadener Hauptbahnhof als fünfschiffige, funktionale und schmucklose Bahnsteighalle mit elf Gleisen. Gleis 1 war ursprünglich nur für Sonderzüge höchster und allerhöchster Herrschaften vorgesehen, die sich unmittelbar nach ihrer Ankunft in den Fürstenpavillon begeben konnten. Das Empfangsgebäude wurde in späthistoristischer, überwiegend neobarocker Pracht erbaut; außen mit rotem, innen mit braunem Sandstein. „Kaiser Wilhem II. hat sich sehr für den Bau und dessen Fortschritte interessiert und auch seine eigenen Ideen mit eingebracht: Beispielsweise wollte er gern einen Uhrturm von 45 Metern

Die Kaiserpforte ist heute verschlossen.

Höhe haben. Der Architekt hatte ihn ursprünglich höher geplant – aber dann wurde es so gebaut, wie der Kaiser es wollte", sagt Bernhard Hager. Ebenso soll Wilhelm II. auch auf die Dacheindeckung Einfluss genommen haben. Bei den Bürgern kam die teilweise durchaus als altmodisch und nicht mehr zeitgemäß empfundene Gestaltung des Hauptgebäudes nicht überall gut an. „Allerdings muss man sich auch fragen: Darf eine auslaufende Stilform – hier Späthistorismus – nicht noch überzeugende Vertreter ihrer Gattung hervorbringen, und wäre etwa Jugendstil in einer gesellschaftlich und politisch konservativen Stadt wie Wiesbaden überhaupt möglich gewesen?", fragt der Experte.

„Wilhelm II. war nicht ‚nur' deutscher Kaiser, sondern in erster Linie preußischer König und als solcher oberster Dienstherr der preußischen Staatsbahn."

Wie auch immer – der neue Hauptbahnhof wurde am 13. November 1906 eröffnet. Ohne den Kaiser: „Entgegen immer wieder auftauchender Behauptungen war Wilhelm II. bei der Einweihung nicht anwesend", unterstreicht Bernhard Hager.

Rund 100 Jahre nach der Eröffnung wurden Empfangsgebäude und Bahnsteighalle aufwendig saniert. Heute präsentiert sich der Wiesbadener Hauptbahnhof, der betrieblich stets sehr gut dastand, in exzellentem Gesamtzustand. Nur den Fürstenpavillon gibt es nicht mehr: Er wurde im Zweiten Weltkrieg zerstört und nicht mehr aufgebaut. Die neuen Metalltüren in der Kaiserpforte führen zu einem schmalen Abstellraum. Dass hier einstmals der Kaiser ankam, weiß heute kaum jemand mehr.

Eva Wodarz-Eichner

So geht's zur Kaiserpforte:

Die Kaiserpforte befindet sich direkt an Gleis 1 auf dem Wiesbadener Hauptbahnhof.

Fußgängerbrücke
Das Römertor – alles anderes als antik

Das Römertor an der Coulinstraße kennt fast jeder Wiesbadener. Immerhin gehört es zu den Sehenswürdigkeiten der Stadt, die auf ein reiches römisches Erbe zurückblickt. Was aber die Wenigsten wissen: Das Tor war anfangs gar kein Tor und es stammt auch nicht aus der Römerzeit – sondern ist gewissermaßen eine auf Alt gemachte Attrappe. Denn was auf den ersten Blick wie ein Stadttor wirken soll, ist in Wirklichkeit eine im pseudo-römischen Stil errichtete Fußgängerbrücke. Seit Beginn des 20. Jahrhunderts überspannt sie eine für den Verkehr geschlagene Bresche in der spätantiken „Heidenmauer".

Helmut von Scheidt kennt die Geschichte genau. Der langjährige Schulleiter und Kommunalpolitiker hat sich eingehend mit Wiesbaden befasst, nicht nur mit der Stadt der Gegenwart, sondern auch mit Wiesbadens Geschichte: „An dieser Stelle wurde 1902 ein großes Stück der Heidenmauer weggesprengt, um die Coulinstraße zu bauen. Vielleicht hatten die damaligen Stadtväter ein schlechtes Gewissen, weil sie die letzte Erinnerung an die Römerzeit dem Verkehr opferten. So nannten sie die hölzerne Brücke, die später als Fußgängerüberweg genutzt wurde, ganz einfach ‚Römertor'."

Denn die vorletzte Jahrhundertwende war auch eine Zeit der Antiken-Begeisterung. Vor allem Kaiser Wilhelm II. (1859-1941) konnte sich für das Erbe der römischen Cäsaren begeistern, nahm bei seinen Wiesbaden-Aufenthalten regen Anteil an Ausgrabungen und förderte im Taunus bei Bad Homburg die Rekonstruktion der Saalburg.

Für den Bau des Römertors zeichnete 1902 kein Geringerer verantwortlich als der damalige Stadtbaumeister Felix Genzmer (1856-1929). Sein antikisierendes hölzernes Viadukt soll angeblich der Bogenkonstruktion der römischen Trajansbrücke an der unteren Donau nachempfunden sein.

Helmut von Scheidt zeigt auf die Inschrift im Römertor, die dieses als Bauwerk des 20. Jahrhunderts ausweist.

Immerhin: Die an das Römertor angrenzende Heidenmauer ist echt antik, das letzte große Überbleibsel aus der römischen Zeit, gebaut vermutlich etwa um das Jahr 370 n. Chr. Doch ihre genaue Geschichte ist bis heute nicht restlos erforscht. War sie ein eilig errichtetes Bollwerk des Militärs gegen die anrückenden Germanenstämme? Oder am Ende doch die massive Unterkonstruktion einer römischen Wasserleitung, wie andere vermuten? Jedenfalls wurde die Heidenmauer noch im Mittelalter als Stadtbefestigung weiter genutzt, ehe sie nach und nach überbaut wurde. Ihre Reste legte man erst um 1900 wieder frei – um Teile davon flugs der modernen Verkehrsplanung zu opfern.

> *„Vielleicht hatten die damaligen Stadtväter ein schlechtes Gewissen, weil sie die letzte Erinnerung an die Römerzeit dem Verkehr opferten."*

Die übrigen Reste der Heidenmauer aber stehen bis heute. „Während der römische Mörtel mehr als 1600 Jahre gehalten hat, nagen in jüngster Zeit Taubenkot und Efeubewuchs an dem Bauwerk", bedauert von Scheidt. Die Brücke soll fachgerecht saniert werden. Und wer weiß, vielleicht gibt die echte Heidenmauer mit dem falschen Römertor dabei doch noch einige ihrer Geheimnisse preis.

Eva Wodarz-Eichner

So geht's zur Fußgängerbrücke:

Sie überspannt die Coulinstraße im Bereich des Schulbergs.

Volkmar Thedens-Jekel stützt sich an dem Zaun ab, dessen Pfosten die Betoneier bilden.

Ovale
Ein Band zwischen Mensch und Gott

Vor der Lutherkirche stehen mehrere riesige Betoneier. Genauer: Sie bilden die Pfeiler des Zauns, der das Gelände des Gotteshauses zur Mosbacher Straße hin begrenzt. „Man könnte sich darüber wundern", räumt Volkmar Thedens-Jekel, Pfarrer an der Lutherkirche, ein. „Tatsächlich ist das aber sehr genau durchdacht und Teil der vielfältigen Formensprache der Lutherkirche", sagt er und lädt ins Innere der Kirche ein. Denn: „Hier lässt sich das viel besser erklären." Der Geistliche deutet zu dem mächtigen, 18 Meter weiten und 17 Meter hohen Gewölbe empor, das in sattem Ocker leuchtet und von lauter Traubenranken überzogen ist, die sich auf Jesu Wort beziehen: „Ich bin der Weinstock, ihr seid die Reben, wer in mir bleibt und ich in ihm, der bringt viel Frucht." Das Gewölbe ist in drei Kreuzrippenfächer unterteilt, die jedes für sich stehen und die trotzdem miteinander verbunden sind. Thedens-Jekel übersetzt

45

die Bedeutung: „Wir glauben an *einen* Gott, aber er hat *drei* Erscheinungsformen – die Dreieinigkeit. Sie unterscheiden sich erkennbar, aber sie können nicht voneinander getrennt werden.

Und nun kommt auch das Oval ins Spiel: Im Gewölbe finden sich drei Schlusssteine, die aber nicht, wie man es gemeinhin kennt, rund, sondern oval sind und damit wieder die ovale Form der Zaunpfosten vor der Kirche aufgreifen. Schlusssteine und Zaunpfosten folgen in ihrer Form dem Grundriss des Hauptraums. „Diese Ovoide sind ein Symbol dafür, was hier in dieser Kirche passiert", sagt Thedens-Jekel, „nämlich die Versammlung der Gläubigen. Christus sagt: Wo zwei oder drei in meinem Namen zusammen sind, da bin ich mitten unter ihnen. Das Oval hat zwei Zentren, eines ist das Göttliche und das andere das Menschliche. Das Ellipsoid ist das Band zwischen beiden."

Ob das aber die Intention von Architekt Friedrich Pützer (1871-1922) war, dafür gebe es keine Belege, schreibt Manfred Gerber in seinem Buch über die Lutherkirche. „Ellipsoide und Spiralen sind jedenfalls Zeichen für die Aufgeschlossenheit liberaler protestantischer Theologie zu Beginn des 20. Jahrhunderts gegenüber anderen Kulturen und nichtchristlichen Religionen, Zeugnisse für die Abkehr von strenger Dogmatik."

Die Ovale vor der Kirche sehen aus wie riesige Ostereier – haben aber einen tieferen Sinn.

Möglicherweise seien die Ellipsoide für Pützer auch nur ein Spiel mit der Form um des Spielens willen gewesen. „So gesehen ist die Lutherkirche ein Zwitterwesen: Symbiose zwischen der Strenge von zu Stein gewordener Theologie und der Freiheit einer künstlerischen neuen Ära." Ohnehin war der katholische (!) Pützer, der 1905 einen Architektenwettbewerb für diese vierte protestantische Kirche in Wiesbaden für sich entschied, ausgesprochen wagemutig – zum Glück: „Allein die Mischung aus Farbenfreude und Formenstrenge scheint recht zu passen in die Geistes- und Lebenswelt des Reformators Martin Luther (1483-1546) und dessen Symbiose aus geradezu barocker Lebenslust und unbändigem Vertrauen auf einen gnädigen Gott", findet Manfred Gerber. „So jedenfalls hat man Luther im 19. Jahrhundert gesehen. Viel Grün als Symbol für das irdische Leben, Braun- und Ockertöne für die Erdverbundenheit des Menschen."

„*Wir glauben an einen Gott, aber er hat drei Erscheinungsformen – die Dreieinigkeit.*"

Und das Oval eben – folgt man der Interpretation Thedens-Jekels – als Symbol für das Menschliche, das Göttliche und das Band, das sie eint. Übrigens: Auf den Turmspitzen der Lutherkirche finden sich weder Hahn noch Kreuz, sondern: genau! Ovale.

Sie tragen die Botschaft still nach draußen. Erkennbar für jeden, der sie zu entschlüsseln weiß.

Eva-Maria Bast

So geht's zu den Ovalen:

Sie bilden den Gartenzaun der Lutherkirche, zur Mosbacher Straße hin gelegen, außerdem sind sie auf den Türmen der Kirche zu entdecken.

Die Jahreszahl macht das Haus 40 Jahre älter als es ist.

11

Jahreszahl
Altstadthaus auf römischem Fundament

Wer durch die Wagemannstraße geht, merkt anhand der dicht gedrängten Häuser gleich, dass er sich in einer der ältesten Straßen der Altstadt befindet. Früher betrieben hier Bäcker und Metzger ihr Handwerk. Heute sind viele Touristen unterwegs, die sich gerne umschauen, in den kleinen Läden zwischen Antikem, Schmuck und ausgefallener Bekleidung stöbern, ein bisschen Flair tanken und sich einfach treiben lassen. Das war zu Beginn des letzten Jahrhunderts nicht anders: Noch stand Wiesbaden auf seinem Höhepunkt als Weltkurstadt, noch galt es als schick, in den heißen Quellen zu baden und neben Erholung und Heilung auch kulturelle Veranstaltungen zu besuchen. Die Einwohner der Stadt wussten natürlich, was die Gäste wollten und lebten gut damit – vor allem, wenn sie etwas Besonderes zu bieten hatten: Wie die Familie Ziss, die an ihrem Haus in der heutigen Wagemannstraße 31 nicht nur die Jahreszahl 1730 prangen ließ, was das Haus als eines der ältesten erhaltenen Gebäude der Stadt auswies, sondern auch das Fundament des Hauses zeigte. Selbiges ist bis heute sichtbar.

„Meine Urgroßeltern haben das damals gut vermarktet", erzählt Bert Weiß nicht ohne Stolz. Der gebürtige Wiesbadener hat lange in Paris gelebt und ist als Romanist viel herumgekommen, aber zuletzt hat es ihn wieder in seine Heimatstadt gezogen. Kein Wunder, wenn man bedenkt, dass seinen Vorfahren um die Wende vom 19. zum 20. Jahrhundert etliche Häuser in der Wiesbadener Altstadt gehört haben und er zu vielen eine Geschichte erzählen kann.

„Als kleines Mädchen hat meine Großmutter in- und ausländischen Badegästen die Reste des Turmes gezeigt – die waren sehr beeindruckt und haben gut gezahlt."

Wie zu dem Haus mit dem Fundament aus der Römerzeit in der Wagemannstraße 31, das heute die Gaststätte „Ludwig" beherbergt und wie schon zu Großelterns Zeiten stolz die Jahreszahl 1730 über dem Eingang trägt. Ganz korrekt ist diese Jahreszahl allerdings nicht. „Das Landesamt für Denkmalpflege hat das Haus erst auf die Zeit um 1770 datiert", sagt Bert Weiß. Warum die Inschrift das Gebäude als rund 40 Jahre älter ausweist, liegt im Dunkel der Geschichte – aber es ändert auch nichts daran, dass es sich um eines der ältesten Häuser der Altstadt handelt. Auffällig ist, dass es sehr schmal ist und nicht parallel zur Straße, sondern etwas schräg steht. Bert Weiß hat eine ebenso einfache wie spektakuläre Erklärung dafür: „Das Haus wurde so gebaut, weil man es direkt auf die Reste des römischen Tessenturms gesetzt hat." Der Tessenturm ist Teil der römischen Heidenmauer, die sich ursprünglich auf einer Länge von über 500 Metern zwischen dem Schulberg und der heutigen Marktkirche erstreckt hat. Zwei kurze Stücke der Mauer sind auf beiden Seiten des Römertors erhalten (siehe Geheimnis 09). Unterirdisch sind allerdings noch viele Teile der Heidenmauer nachweisbar, so eben auch der Tessenturm, einer von mehreren Türmen, die die Heidenmauer damals aufwies. Die Fundamente des Turmes sind im Keller des Hauses bis heute erhalten – steigt der Gast des Restaurants die Treppe zu den Toiletten hinunter, kommt er an römischen Mauern vorbei. Sie sind aber auch von außen zu sehen: Schaut man durch die verglaste Eingangstür, kann man einen Blick in die Historie des Hauses erhaschen.

In der Altstadt, gerade im Bereich der Wagemannstraße, wurden zahlreiche römische Funde geborgen – vor allem Scherben, die von Flaschen, Schüsseln und anderen Geschirrteilen stammen dürften. Ihre Stempel weisen sie der gleichen Manufaktur zu: Ganz offensichtlich haben die römischen Nachbarfamilien zur gleichen Zeit beim gleichen Händler gekauft.

„Als kleines Mädchen hat meine Großmutter in- und ausländischen Badegästen die Reste des Turmes gezeigt – die waren sehr beeindruckt und haben gut gezahlt", schmunzelt Bert Weiß. Seine Großmutter hieß Hilde Ziss und wurde 1900 geboren. „Sie war damals etwa sieben Jahre alt und muss das ziemlich gut gemacht haben. Außerdem hatten meine Urgroßeltern sogar ein kleines Museum im Haus eingerichtet und verkauften Postkarten." Zwei dieser Postkarten befinden sich mittlerweile im Stadtarchiv.

Bert Weiß kann noch ein bisschen mehr aus seiner Familiengeschichte berichten, die typisch ist für die Jahre, in denen Wiesbaden zur Weltkurstadt wurde: So sind Vorfahren von ihm schon im Jahr 1830 von Wehen im Taunus nach Wiesbaden gekommen. „Einer meiner Vorfahren war Hauderer – ich musste erst mal nachforschen, was das überhaupt ist: Das ist ein Lohnkutscher, der Leute von einem Ort zum anderen bringt, also ein Taxi- und Fuhrunternehmer der damaligen Zeit", erzählt Bert Weiß.

Bert Weiß zeigt auf die Jahreszahl 1730 oberhalb des Torbogens.

Die Zeit war reif für dieses Unternehmen, denn die Kurgäste ließen sich gern herumkutschieren. Und der Kutschbetrieb florierte – so sehr, dass die Familie bald ein Gebäude nach dem anderen in der Altstadt kaufen konnte: „Mein Urgroßvater Carl Ziss besaß um 1900 mehrere Häuser in der heutigen Wagemannstraße und in der Grabenstraße, einen Kolonialwarenladen sowie auch eine Material- und Farbwarenhandlung. Die liefen bestens, und ein paar Jahre später hatte die Familie die Idee mit dem Museum, den Postkarten und der Hausbesichtigung."

Mit dem Ersten Weltkrieg blieben die Gäste in Wiesbaden aus, das Leben änderte sich. Carl Ziss verkaufte 1916 seine Altstadthäuser und erwarb ein großes, neu gebautes Mietshaus samt Hinterhaus in der Dotzheimer Straße am damaligen Stadtrand. Dort ist Bert Weiß aufgewachsen. Wenn sich auch die Zeiten geändert haben – die römischen Mauern und die falsche Jahreszahl sind noch heute am schmalen Haus in der Wagemannstraße 31 zu sehen.

Eva Wodarz-Eichner

So geht's zur Jahreszahl:

Das Haus Wagemannstraße 31 mit der „Schankwirtschaft Ludwig" steht am Ende der Straße Richtung Goldgasse. Die Jahreszahl befindet sich in der Mitte des Torbogens.

Rampe

Von der Faszination der Eisenbahn

Als er ein Kind war, zeigte das Fenster seines Zimmers auf eine Bushaltestelle. Der damals noch kleine Martin Pächer saß stundenlang am Fenster, drückte sich das Näschen platt und bewunderte die Busse, die dort unten ankamen und wieder abfuhren. „Als ich älter wurde, hat sich mein Interesse in Richtung Schienenverkehr und Eisenbahnwesen im Bereich Bahnhof Wiesbaden Ost erweitert und die Idee, das Hobby zum Beruf zu machen, entstand." Gedacht, getan: Martin Pächer studierte Bauingenieurswesen, promovierte. Nach mehreren Jahren in Leitungsfunktionen eines kommunalen Verkehrsunternehmens in Wiesbaden kümmert er sich aktuell um Fragestellungen zum Ausbau der Straßenbahn. Geschichtsinteressiert ist der Autor zweier Fachbücher obendrein und da blieb es nicht aus, dass er sich auch mit der Historie der Eisenbahn in Wiesbaden befasst hat – und mit den Spuren, die diese im Stadtbild hinterließ. Besonders angetan hat es ihm

„Man geht hier ganz achtlos dran vorbei und wenn man ihn doch wahrnimmt, dann kann man nichts damit anfangen."

ein Betonklotz in der Grünfläche an der Glarusstraße. „Man geht hier ganz achtlos dran vorbei und wenn man ihn doch wahrnimmt, dann kann man nichts damit anfangen", sagt er und fährt fort: „Es handelt sich vermutlich um eine alte Laderampe in Kombination mit einem Prellbock zum Umschlag von Waren."

Die Laderampe stand an der ältesten Eisenbahnnebenstrecke Deutschlands: „Vom Bahnhof Wiesbaden Ost führte eine Nebenstrecke zum Rheinufer. Untypischerweise wurde sie zunächst als Pferdebahn betrieben – das kennt man sonst eigentlich nur von Straßenbahnen", erzählt Dr. Pächer. Ohnehin kam die Eisenbahn vergleichsweise früh nach Wiesbaden: Schon fünf Jahre, nachdem mit der Verbindung Nürnberg-Fürth die erste deutsche Eisenbahnstrecke eröffnet worden

Dr. Martin Pächer hat es sich auf der geheimnisvollen Rampe gemütlich gemacht.

war, ging es 1840 auch in Wiesbaden mit der Strecke nach Frankfurt über Kastel los, ein Jahr zuvor war der Taunus-Bahnhof als erster Wiesbadener Bahnhof fertiggestellt worden. Im August 1840 wurde dann um ebenjene Nebenstrecke erweitert, die von Wiesbaden Ost, damals Curve, nach Biebrich verlief und bis ins Jahr 1872 als Pferdebahn betrieben wurde. „Die Strecke führte vom Ostbahnhof durch die Goethestraße, damals Kaiser-Wilhelm-Straße und endete bei der Oranien-Gedächtniskirche", sagt Pächer und findet: „Es ist schon faszinierend, wie sehr sich die Streckenführung und die Bahnlandschaft in Wiesbaden verändert hat." Und eben auch, welche Spuren die Bahngeschichte hinterließ. Spuren, wie den unscheinbaren Betonklotz in einer Grünfläche an der Glarusstraße.

Bei dem seltsamen Betonklotz handelt es sich vermutlich um eine alte Laderampe.

Eva-Maria Bast

So geht's zur Rampe:

Sie befindet sich in der Grünanlage an der Glarusstraße, von der Glarusstraße aus gesehen nach wenigen Metern auf der linken Seite.

Auf dem stillgelegten Schornstein hat eine Storchenfamilie ihre Heimat gefunden.

Stillgelegter Schornstein
Aus der Höhe klappert der Storch

13

*S*eltsam. Da streckt sich ein ungewöhnlich hoher Schornstein ganz in der Nähe der Schiersteiner Hafenpromenade in die Luft – offensichtlich steht er auf einem Privathaus. Dass er von einem Storchennest bekrönt ist, macht ihn umso mehr zum Hingucker. Was hat es mit dem Schornstein auf sich?
„Er gehörte zu der Trockengemüsefabrik Nova, die mal in Schierstein ansässig war, aber vor Jahrzehnten aufgegeben wurde", sagt Heinz-Dieter Höhn. Die Fabrik ist längst aus dem Ortsbild verschwunden, aber der Schornstein blieb stehen, ein Relikt aus vergangenen Zeiten. Ein Glück für die Störche. Und für die Schiersteiner, denn es heißt ja,

dass die Störche selbst jede Menge Glück bringen. Und in Wiesbadens Hafenstadtteil sind sie zahlreich vorhanden, gehören zum Ortsbild, genau wie der riesige alte Schornstein, der eigentlich immer von einer Storchenfamilie bewohnt ist. Aber leben die Vögel dort nicht gefährlich? „Nein, ganz bestimmt nicht", schmunzelt Heinz-Dieter Höhn. „Der Schornstein ist seit Jahren stillgelegt und wurde extra für die Störche erhalten." Höhn muss es wissen, schließlich ist er seit Jahren aktives Mitglied in der Storchengemeinschaft Schierstein, die sich um die Vögel kümmert. Der Verein besteht seit 1981; knapp zehn Jahre davor konnten Weißstörche wieder in den Rheinauen angesiedelt werden. Schon früher sind sie lange dort heimisch gewesen, denn hier gab – und gibt – es für sie ideale Lebensbedingungen. Doch nach dem Ende des Zweiten Weltkriegs blieben die Brutpaare aus; den letzten Storch soll ein US-Soldat erschossen haben.

Doch die Störche sind zurückgekehrt. Heute sind in jedem Jahr rund 30 Brutpaare in und um Schierstein zu Hause; ihr charakteristisches Klappern ist an manchen Tagen nicht zu überhören. Um ihnen das Nisten und Brüten zu erleichtern, hilft die Storchengemeinschaft seit Jahren nach: „Wir haben Masten aufgestellt und Wagenräder darauf angebracht, um den Störchen den Horstbau zu erleichtern", sagt Heinz-Dieter Höhn. Seit 1983 wohnen die Störche auf dem Schornstein. Damals hatte die Storchengemeinschaft die Idee, ihnen den alten Schornstein zum Nisten anzubieten. „Ein Horst wurde auf den Schornstein gebaut und tatsächlich sind zwei Jahre später dort die ersten Jungstörche geschlüpft", erzählt Heinz-Dieter Höhn.

Heinz-Dieter Höhn zeigt auf den Storchenschornstein am Schiersteiner Hafen.

Mittlerweile wurde der Schornstein renoviert: Nachdem ein Blitz eingeschlagen war, einen Storch tödlich getroffen und Steine im Schornstein gelockert hatte, wurde er im Oktober 2012 doppelt eingerüstet und das Nest abgetragen. „Es waren 300 Kilo Material, die heruntergeholt werden mussten – außer Zweigen und Erde waren auch Lappen, Damenstrümpfe und Handschuhe dabei, die die Störche gefunden und hochgetragen hatten."

Die hölzerne Unterlage für den Horst war marode geworden, und so machte sich Heinz-Dieter Höhn daran, ein neues Nest zu zimmern und auf dem verkürzten Schornstein zu installieren. Rund vier Meter des Schornsteins waren im Zuge der Sanierung abgetragen worden – „jetzt ist er zwar nicht mehr ganz so hoch, aber das hat auch Vorteile: Man kann die Störche jetzt besser beobachten und auch die Ringe an ihren Beinen, mit denen die Jungstörche versehen werden und die deren Herkunft bezeichnen, leichter ablesen", sagt der Experte. Zudem ist das Nest im Herbst auch besser mit einer Feuerwehrleiter zu erreichen und kann so leichter gereinigt werden.

Schön, dass der Schornstein noch steht. Sein Besitzer hat gewechselt, und der neue Eigentümer hätte ihn abtragen lassen können, da er nicht unter Denkmalschutz steht. Doch auch er ist ein Storchenfreund, und so bleibt der Schornstein erhalten.

Ein Glück, denn der Storch gehört nun mal zu Schierstein wie der Hafen. Sogar im „Schiersteiner Lied", das in dem ehemaligen Fischerdorf gerne gesungen wird, heißt es: „Und aus der Höhe klappert, horch, ein Grüß Gott der Altvater Storch ..."

Eva Wodarz-Eichner

So geht's zum stillgelegten Schornstein:

Der Storchenschornstein steht in der Schiersteiner Küferstraße. Er ist überall entlang des Schiersteiner Hafens zu sehen.

Einstige Augenklinik
Ein Mediziner mit sozialer Ader

„Das würde man dem Gebäude gar nicht ansehen", findet Heike Hoffmann-Stubbenhagen, als sie auf den imposanten Steinbau deutet. „Die meisten Menschen haben keine Ahnung davon, dass sich hier einmal eine Augenheilanstalt befand." Die Wiesbadenerin wusste es ja selbst nicht, bis sie in die nahegelegene Pagenstecherstraße zog und begann, sich mit den Pagenstechers zu befassen – ebenjener Familie, die sich mit der Heilanstalt in Wiesbaden einen Namen machte. Und, wie es der Zufall so will: In dem Buch *Zettels Traum* von Arno Schmidt (1914-1979), einem ihrer Lieblingsautoren, kommt auch ein Pagenstecher vor, der heißt allerdings Daniel „und keiner der Pagenstechers aus der Wiesbadener Ärztefamilie hatte diesen Namen", wie Hoffmann-Stubbenhagen recherchiert hat. „Das ist ganz klar Fiktion, aber auch ebenso klar von der Familie inspiriert."

Die Geschichte der Augenheilanstalt beginnt am 1. Januar 1856, als Friedrich Hermann Alexander Pagenstecher (1828-1879) ein kleines Krankenhaus eröffnet. „Damals war die Augenheilanstalt noch sehr überschaubar", sagt die Wiesbadenerin. „Sie hatte je ein Zimmer für Männer und Frauen und in jedem Zimmer standen drei Betten." Das war aber noch nicht in jenem Gebäude, vor dem Heike Hoffmann-Stubbenhagen jetzt steht, sondern in der Kirchgasse 7.

„Beeindruckend fand ich immer – und finde ich noch – das soziale Engagement Pagenstechers", sagt die Wiesbadenerin. Denn der Mediziner wollte allen helfen, nicht nur jenen, die Geld hatten. „Um Menschen, die sich die Behandlung nicht leisten konnten, kümmerte er sich ohne Honorar." Michael Knoll schreibt in einem vom Stadtarchiv veröffentlichten Aufsatz über die Augenheilanstalt: „Dieses karitative Projekt konnte dank der Unterstützung der herzoglich nassauischen Regierung und zahlreicher Zuwendungen vermögender Bürger realisiert werden." Und das war auch notwendig, denn die Menschen

In diesem Haus wurden einst Menschen mit Augenleiden behandelt – kostenlos, wenn sie sich die Behandlung nicht leisten konnten.

stürmten die Augenheilanstalt regelrecht – und die Räumlichkeiten in der Kirchgasse 7 wurden schnell zu klein. „Deswegen zog die Klinik dann in die Taunusstraße um", erklärt Hoffmann-Stubbenhagen. Hier war nun Platz für zehn Patienten und auch das reichte bald nicht mehr aus: Pagenstecher, ob seiner Verdienste inzwischen zum Hofrat ernannt, genoss inzwischen international einen derart hervorragenden Ruf, dass Patienten aus aller Herren Länder in die Augenklinik strömten, um sich von ihm behandeln zu lassen. Das schlug sich in einer erneuten Klinikerweiterung nieder, bis 1859 hatte sich die Bettenzahl auf 20 verdoppelt. „Als auch diese Räumlichkeiten den gestiegenen Anforderungen nicht mehr entsprechen konnten, wurde 1861 in der Kapellenstraße 20 (heute 29) mit finanzieller Hilfe des Herzogs ein Gebäude erworben und zur neuen Augenheilanstalt umgebaut. In zwölf Zimmern fanden nun 33 Patienten Platz", schreibt Knoll. Damit war die Ära der Augenheilanstalt an der Taunusstraße schon vorbei. An ihrem neuen Standort wuchs die Klinik immer weiter. Pagenstecher hatte nun zwei Assistenzärzte und er legte immer noch gesteigerten Wert auf den sozialen Aspekt: Knoll zufolge wurden zwischen 1862 und 1865 über 6000 Patienten in der Augenheilanstalt kostenlos behandelt. Aber auch die finanzkräftigen Augenkranken blieben nicht aus: „Im gleichen Zeitraum zahlten etwa 4000 Bemittelte aus mehreren Ländern für ihre Behandlung."

Heike Hoffmann-Stubbenhagen hat sich ausführlich mit der Geschichte dieses Gebäudes beschäftigt.

Heike Hoffmann-Stubbenhagen findet es vor allem faszinierend, welche Berühmtheiten sich hier behandeln ließen. Von Großfürstin Helene von Russland (1807-1873) über Prinzessin Marianne der Niederlande (1810-1883) bis hin zu Prinzessin Elisabeth zu Wied (1843-1916).

Und dann stand ein erneuter Umzug ins Haus. „1868 verfügte die Einrichtung über 40 Betten. Nachdem auch diese Erweiterung dem Bedarf der aufblühenden Stadt nicht mehr Rechnung tragen konnte, wurde die Klinik in die **Kapellenstraße 42 verlegt**", schildert Knoll in seinem Aufsatz die weitere Entwicklung der Augenheilanstalt. Nach Alexander Pagenstechers plötzlichem Tod bei einem Jagdunfall übernahm sein Bruder Hermann die Klinik und führte Alexanders Arbeit in seinem Sinne fort. 1905/06 wurde dann ein Neubau errichtet. Es folgten schwere Jahre während der Kriege, als die Klinik zeitweise als Lazarett diente, aber auch in den Jahren zwischen den Kriegen, als das Rheinland besetzt war und auswärtige Patienten nur schwer anreisen konnten. Die Geschicke der Klinik lenkte nun Hermanns Sohn Adolf Pagenstecher. 1927 übergab er an seinen Oberarzt Heinrich Göring. Damit endete die Ära der Pagenstechers als große und verdienstvolle Augenheilkundler. Aber die Straße, in der Heike Hoffmann-Stubbenhagen wohnt, erinnert noch an die große Ärztefamilie, ebenso wie das Haus in der Taunusstraße. Und natürlich das literarische Werk Arno Schmidts. Der sei, wie Heike Hoffmann-Stubbenhagen sagt, von James Joyce (1882-1941), einem großen irischen Dichter, zu seinem Roman inspiriert worden. Und selbiger war wiederum Patient bei Pagenstecher. Wieder ein Kreis, der sich schließt.

„Die meisten Menschen haben keine Ahnung davon, dass sich hier einmal eine Augenheilanstalt befand."

Eva-Maria Bast

So geht's zur einstigen Augenklinik:

Das Gebäude steht in der Taunusstraße 63.

Kaiser Wilhelm I.: Die monumentale Büste schuf der Bildhauer Carl Keil.

Kaiserbüste
Wo kranke Offiziere gesund wurden

Wo thront ein Kaiser? Natürlich stets sehr erhaben und möglichst weit oben. So auch die überlebensgroße Porträtbüste von Kaiser Wilhelm I. (1797-1888). Majestätisch blickt er von höherer Warte hinab auf den Schlossplatz und auf die gegenüberliegende Marktkirche. Und, da sein Kopf leicht nach rechts gedreht ist, auch auf das danebenstehende Rathaus. Ein wenig streng scheint der Monarch dabei dreinzuschauen. „Im preußisch-österreichischen Bruderkrieg von 1866 stand Nassau auf der ‚falschen', nämlich der österreichischen Seite. Das kostete Herzog Adolph den Thron und bescherte Nassau die Annexion durch die siegreichen Preußen", erzählt der Historiker und Journalist Dr. Karsten Eichner. Doch schon bald entdeckte der preußische Monarch sein Herz für Wiesbaden – so wie später auch sein Enkel Wilhelm II. (1859-1941). Bereits Mitte 1867 kam Wilhelm I. – damals noch preußischer

König, denn deutscher Kaiser wurde er erst 1871 – zu Besuch nach Wiesbaden. Und die Stadt bereitete dem gekrönten Haupt einen überaus herzlichen Empfang. Nicht ganz uneigennützig: Denn mit royaler Rückendeckung erhoffte man sich eine weitere Stärkung für den florierenden Kurbetrieb. „Kuren konnten in Wiesbaden dann auch bald die preußischen Offiziere", erzählt Karsten Eichner weiter. Denn zwischen 1868 und 1871 (nach anderen Angaben 1867 bis 1869) entstand hier nach Plänen des bekannten Architekten Philipp Hoffmann (1806-1889) ein „Militärkurhaus für Badekuren kranker und verwundeter Soldaten", eben die Wilhelms-Heilanstalt. Der Kaiser selbst legte den Grundstein. Den äußerlich massiven Bau in zarten Rottönen schmückt die Büste des Namensgebers, von Bildhauer Carl Keil (1838-1889) aus Sandstein gearbeitet. Im Kranzgesims darüber sind zwischen Akanthusranken preußische Adler zu erkennen. Im Inneren gab es eine damals hoch moderne Klinikausstattung mit Wannenbädern, die direkt an die Thermalquellen angeschlossen waren. Davon ist leider heute

Dr. Karsten Eichner zeigt auf die Büste Kaiser Wilhelms I.

nichts mehr übrig, denn längst ist die ehemalige Klinik zum Verwaltungsgebäude umgebaut worden und der „Wilhelmsbau" nun ein Teil des Landtagskomplexes. Heute blickt der Namensgeber als Büste ungerührt von den Zeitläufen über den Schlossplatz.

Eva Wodarz-Eichner

So geht's zur Kaiserbüste:

Die Büste hängt an der Fassade der Kaiser-Wilhelms-Heilanstalt, die sich schräg gegenüber der Marktkirche auf dem Schlossplatz befindet.

Gedenksteine
Viele Götter führen nach Rom

Multikulti: Dieses Schlagwort ist heute in aller Munde, wenn es um die offene Gesellschaft und die Toleranz gegenüber anderen Ethnien und Religionen geht. In Wiesbaden wurde Multikulti schon vor zwei Jahrtausenden aktiv gelebt – auch wenn das damals noch nicht so hieß. Aber die Abgüsse der römischen Inschriften-Tafeln, Grabsteine, Altäre und Spolien, die etwas abseits des Römertors in einer kleinen Grünanlage aufgestellt sind, sprechen eine deutliche Sprache. „Die römischen Soldaten kamen aus ganz verschiedenen Regionen, aus unterschiedlichen Kulturen und pflegten unterschiedliche Religionen", erläutert Helmut von Scheidt, langjähriger Stadtverordneter in Wiesbaden. So finden sich bis heute die Belege für zahlreiche Kulte aus dem Orient und dem Mittelmeerraum – und auch für das frühe Christentum.

Denn Wiesbaden war in der Antike ein begehrter Wellness-Hotspot für Soldaten aus aller Herren Länder, die sich hier von den Strapazen der römischen Feldzüge erholten: „Zunächst kamen die Soldaten, die die Heilwasser (Aquae mattiacae) nutzten, um Wunden zu versorgen oder um im Thermalwasser zu baden. So wurde Wiesbaden vor etwa 2000 Jahren ein Reha-Zentrum für die Soldaten, die im heutigen Mainz-Kastel einen Brückenkopf für die römische Legion in Mainz bildeten." Wiesbadens heiße Quellen dienten aber nicht nur Bade- und Heilzwecken, sondern auch der antiken Kosmetikindustrie. Der rötliche Sinter, den man auch heute noch am Kochbrunnen sehen kann, konnte nämlich zum Färben der Haare genutzt werden. „Die so genannten mattiakischen Kugeln wurden bis nach Rom vertrieben", erzählt von Scheidt.

„Ohne die heißen Wasser des Kochbrunnens und der anderen Quellen gäbe es Wiesbaden nicht", ist der frühere Berufsschulleiter und ehrenamtliche Schuldezernent überzeugt. Rund 400 Jahre lang hätten sich die Römer im Bereich der heutigen Innenstadt Wiesbadens

Helmut von Scheidt weist auf einen der römischen Steine.

aufgehalten. Sie erholten sich hier – und pflegten ihre Religionen. So weist die Inschrift einer Tafel auf die Restaurierung eines Tempels für Jupiter Dolchenus hin. „Dieser Kult wurde wahrscheinlich von Soldaten aus Syrien und Mesopotamien eingeführt", erläutert von Scheidt. Nahe der Heidenmauer, wo die Tafeln und Steine als Abgüsse aufgestellt wurden, wurde auch dem Gott Mithras gehuldigt, „und zwar in einer unter dem Erdreich gelegenen Kultstätte." Der Mithras-Stein gehört daher ebenfalls zu den Exponaten der kleinen Freiluft-Ausstellung.

Besonders sehenswert ist auch das Replikat eines „Wochengöttersteins". „Es zeigt, dass das Nebeneinander vieler Götter bei den römischen Soldaten beliebt war", erläutert von Scheidt: „Am Sonntag der Sonnengott, montags die Mondgöttin, dienstags der Mars, mittwochs der Merkur, donnerstags der Jupiter, freitags die Venus und samstags der Saturn." Die vom Kur- und Verkehrsverein (heute: Freunde der Wiesbaden-Stiftung; Helmut von Scheidt ist ehrenamtlich im Vorstand tätig) aufgestellten Replikate belegen, dass damals weitgehend Religionsfreiheit herrschte. Von Scheidt: „So lebten in der Römerzeit Menschen unterschiedlicher Herkunft, Kultur und Religion friedlich nebeneinander. Insofern können uns die Römer ein Vorbild sein für unser Zusammenleben heute in Wiesbaden."

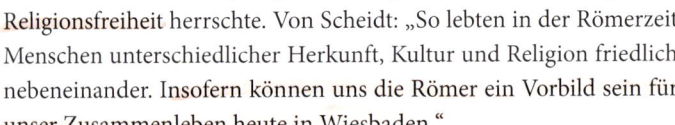

Die Replikate der Steine aus der Römerzeit belegen, dass Menschen unterschiedlicher Herkunft und Kultur in Wiesbaden lebten.

Eva Wodarz-Eichner

So geht's zu den Gedenksteinen:

Von der Langgasse führt eine kleine Gasse mit dem Namen Am Römertor bergauf Richtung Römertor. Kurz vor dem Tor liegt die Grünanlage, in der die Steine zu sehen sind.

Georg Schmidt-von Rhein zeigt auf einen Namenszug Höpplis am Hauptportal der Marktkirche.

Namenszug
Künstlersignatur am Kirchenportal

Jeder Wiesbadener ist schon einmal in der prächtigen Marktkirche gewesen. Der Nassauische Landesdom mit seinen majestätischen hohen Türmen ist so etwas wie das Herz der Stadt. Die Menschen geben sich die Klinke in die Hand, sei es zu Gottesdiensten, zu Konzerten, zu Besichtigungen oder zur ganz persönlichen Zeit der Stille. Kaum jemandem sind dabei aber die drei Schriftzüge an der rechten Seite des Hauptportals aufgefallen: Gleich dreimal steht da der Name *J. Höppli*, etwas verwittert zwar, aber dennoch lesbar. „Das ist der Namenszug von Johann Jacob Höppli, der etliche Tonornamente an und in der Marktkirche geschaffen hat. Er wollte sich auf diese Weise an der Kirche verewigen", sagt Georg Schmidt-von Rhein, Landgerichtspräsident im Ruhestand und langjähriger Vorstandsvorsitzender der Wiesbadener Casinogesellschaft. „Diese Namenszüge sind praktisch als Künstlersignatur zu verstehen, was sie den mittelalterlichen Steinmetzzeichen gar nicht unähnlich macht." (Siehe Geheimnis 45)

Mit seinem Namenszug hat Johann Jacob Höppli (1822-1876) an der Marktkirche ein zwar verstecktes, aber doch deutliches Zeichen hinterlassen. Das haben mittelalterliche Steinmetzen mit ihren Steinmetzzeichen auch getan. Diese waren zwar keine ganzen Namenszüge, sondern nur runenartige kurze Signaturen; aber dennoch ist die Ähnlichkeit augenfällig. „Vielleicht hat Höppli die Meister, die an den mittelalterlichen Kirchen gebaut haben, als seine Vorgänger gesehen. Sie standen in der Tradition der mittelalterlichen Dombauhütten – und Höppli baute jetzt selbst mit an einer großartigen Kirche. Was konnte für ihn naheliegender sein, als dem neuen Nassauischen Landesdom seine Signatur aufzudrücken?", fragt Georg Schmidt-von Rhein.

Die Marktkirche steht in mittelalterlicher Tradition: Der nassauische Baurat Carl Boos (1806-1883) und sein Bauleiter Alexander Fach (1815-1883) haben ihr neugotische Romantik verliehen. Klassizistische Ornamentik und neugotische Formen wurden verbunden; doch während die mittelalterliche Gotik hohe Dächer baute, sind die der Marktkirche flach und hinter Maßwerkgalerien versteckt. Entstanden ist eine prachtvolle neugotische Kirche mit fünf Türmen, die das Stadtbild von Wiesbaden entscheidend prägt.

Zum ersten Mal kam beim Bau der Marktkirche unverputzter Backstein in Wiesbaden zum Einsatz. Das rote Gebäude wurde 1852 bis 1862 als Ersatz für die 1850 niedergebrannte Mauritiuskirche errichtet – und sollte natürlich größer und prächtiger werden. In der romantischen Neugotik haben Carl Boos und Alexander Fach dafür eine perfekte und kunsthistorisch bedeutsame Lösung gefunden: Die Marktkirche gilt als der erste monumentale Backsteinbau Nassaus und als eines der bedeutendsten Zeugnisse für den neugotischen Kirchenbau im romantischen Historismus Deutschlands.

„Die prächtigen gebrannten Tonornamente am Außenbau, vor allem am Hauptportal, wurden damals ‚Terracotten' genannt. Johann

Jacob Höppli hat sie nach Entwürfen von Carl Boos hergestellt", erklärt Georg Schmidt-von Rhein. Die Terracotten sind weitaus widerstandsfähiger als Sandstein.

Der Schweizer Höppli hat in Wiesbaden zahlreiche Spuren hinterlassen – auch in der Bonifatiuskirche, im Biebricher Schloss, im Palais der Casinogesellschaft und in vielen Privathäusern sind seine Terracotten verarbeitet. Eindrucksvoll ist seine eigene Villa, das „Haus Höppli" in der Wörthstraße: Vier lebensgroße steinerne Frauengestalten, in antike Gewänder gehüllt, tragen ein dekoratives Gebälk und schirmen einen begrünten Innenhof zur Straße hin ab – vergleichbar sind die Figuren den Karyatiden am Erechtheion auf der Akropolis. Das Gebäude ist einzigartig in Wiesbaden.

Der gelernte Töpfer und Bildhauer Höppli kam 1846 im Verlauf seiner Wanderschaft nach der Lehre nach Wiesbaden, wo er in der Fayencen- und Ofenfabrik von Andreas Leicher an der Schwalbacher Straße arbeitete. Schon bald wurde Stadtbaumeister Philipp Hoffmann (1806–1889) auf Höppli und sein Talent aufmerksam und engagierte ihn für Arbeiten an der Russischen Kapelle. Höppli wurde bald Teilhaber an Leichers Fayencen-Fabrik – als sich sein Kompagnon aber 1850 zur Ruhe setzte, gründete Höppli 1850 sein eigenes Unternehmen an der Wörthstraße. Der erste Großauftrag seiner „Thonwaarenfabrik" war die gerade im Bau befindliche neogotische Marktkirche: Höppli lieferte Kapitelle, Gesimse, Kreuzblumen und Krabben – doch im Gegensatz zu den mittelalterlichen Bauhütten wurden die Zierelemente hier nicht von Hand mühsam aus Stein gehauen, sondern serienmäßig aus Ton geformt und im Ofen gebrannt. Sie zeugen von seinem bildhauerischen Können ebenso wie von seinem handwerklich-industriellen Talent.

Verwittert, aber immer noch lesbar ist der Name Höppli.

Sein eigenes Haus diente Höppli als Wohnung und Produktionsstätte – noch heute befinden sich im Keller die Brennöfen, in denen die dekorativen Elemente vieler Wiesbadener Häuser entstanden sind. Lang konnte sich der Künstler allerdings nicht an seinem prachtvollen Domizil erfreuen: Er starb bereits 1876 im Alter von 54 Jahren. Seine Firma wurde zunächst von seiner Witwe, dann von seinem Sohn Christian weitergeführt und bestand bis zum Jahr 1910. Noch bis 1992 bewohnte ein Nachfahre des Firmengründers das Haus.

„Was konnte für Höppli naheliegender sein, als dem neuen Nassauischen Landesdom seine Signatur aufzudrücken?"

Georg Schmidt-von Rhein hat ein ganz besonderes Verhältnis zu Höppli und seinen Terracotten: Als er für die Ausstellung „Wiesbaden im Umbruch. Von Nassau nach Preußen" im Frühjahr 2019 recherchierte, machte er im Keller des Biebricher Schlosses einen spektakulären Fund: „Da lagen wirklich zentnerweise Terracotten von Höppli – einfach in einer Ecke." Jetzt sind sie gesichert. Was mit den wertvollen Stücken weiter passiert, wird die Zukunft zeigen.

Eva Wodarz-Eichner

So geht's zum Namenszug:

Höpplis Namenszug findet sich gleich dreimal am prächtigen Eingangsportal der Marktkirche auf der rechten Seite. Die Kirche steht auf dem Schlossplatz.

Eberhard Seidensticker und der Schiersteiner Reichsapfel.

Metallskulptur

Der Schiersteiner Reichsapfel

Äpfel gibt es in den Streuobstwiesen rund um Wiesbaden und seine Vororte reichlich. Aber das dürfte wohl kaum der Grund sein, warum der goldene Reichsapfel das Schiersteiner Wappen ziert. „Dass der Ort einen Reichsapfel im Wappen führt, hat historische Gründe", sagt Eberhard Seidensticker. Der selbstständige Dachdeckermeister ist ehrenamtlicher Stadtverordneter und Vorsitzender des Verschönerungsvereins Schierstein, der 2010 einen blau-goldenen Reichsapfel als großformatige Metallskulptur in zentraler Lage in dem Hafen-Vorort aufgestellt hat.

Schierstein, bis weit ins 20. Jahrhundert hinein ein bescheidener Fischerort, was bis heute den engen Gässchen am Hafen, den dicht gedrängten, kleinen alten Häusern und den Straßennamen wie „Schiffergasse", „Anglergasse", „Flößergasse" und „Backfischgasse" anzumerken ist, wurde schon im Jahr 860 zum ersten Mal urkundlich erwähnt. „Das Dorf gehörte zum Kronland der fränkischen Könige. Und folglich trägt es den Reichsapfel im Wappen, weil diese Könige ihn schon damals als Herrschaftssymbol führten", erläutert Seidensticker.

Der goldene Reichsapfel, eigentlich eine von einem Kreuz bekrönte Kugel, gehörte im Heiligen Römischen Reich zu den Krönungsinsignien, von denen die Reichskrone, die Heilige Lanze und das Reichsschwert am bekanntesten sind. Heute werden die Reichskleinodien in der Schatzkammer der Wiener Hofburg aufbewahrt; Kopien gibt es auf der Waldburg in Oberschwaben, in Nürnberg, Frankfurt am Main, in Aachen sowie auf der Burg Trifels bei Annweiler in der Pfalz, wo sie besichtigt werden können. Der Reichsapfel symbolisiert die Herrschaft über die ganze Weltkugel; das aufgesetzte Kreuz steht für den christlichen Glauben. Ein Schiersteiner Gemeindesiegel von 1530 zeigt den Reichsapfel zusammen mit dem Nassauischen Löwen. Das Blau-Gold im Gemeindewappen erinnert an die alten nassauischen Farben.

Und der nach unten zeigende Sparren, der wie ein großes V aussieht? Er wurde vermutlich eingefügt, damit sich das Wappen von anderen mit Reichsapfel unterscheidet. Denn auch etliche weitere Orte tragen bis heute die Krönungsinsignie im Wappen, zum Beispiel Bad Soden am Taunus oder auch das schwäbische Backnang.

Schierstein – mundartlich „Scheerstaa" – hieß ursprünglich wohl „Skerdestein", später dann „Skerdisstein" und „Scerstein", also „Stein des Sherto", wobei „Stein" hier für eine befestigte Burg steht. Besiedelt wurde der Ort aber wohl schon seit dem Neolithikum vor etwa 5.000 Jahren. Aus der Römerzeit sind etliche Funde bekannt, so zum Beispiel die spätantike Jupitergigantensäule, von der eine Kopie an der Hafenpromenade steht. Bis in die Mitte des 19. Jahrhunderts blieb Schierstein ein Ort der Fischer und der Winzer. Seit dem Mittelalter wurde hier Weinbau betrieben, und noch heute gibt es mehrere Schiersteiner Weingüter, die zumeist Riesling der Lagen „Schiersteiner Hölle" und

"Schiersteiner Dachsberg" ins Glas bringen. Übrigens: Dass diese ganz besondere Hölle rein gar nichts mit dem Teufel zu tun hat, ist ein anderes Geheimnis, das hier gleich mit gelüftet werden kann: Der Begriff leitet sich von dem Wort „Halde" ab, in der die Reben wachsen. Diese speziellen „Halde"-Böden sorgen für mineralische Weine, die sich gut lagern lassen.

Allmählich siedelten sich größere Betriebe in Schierstein an, wie beispielsweise die Sektkellerei Söhnlein. 1926 wurde das Fischerdorf nach Wiesbaden eingemeindet.

Der Reichsapfel ist nicht nur im Wappen und weithin sichtbar als Metallskulptur an der Ecke Saarstraße / Zeilstraße zu sehen: Das Haus „Zum Reichsapfel" von 1609 trägt in seinem geschnitzten Wappenschild über dem Eingang gleich zwei Reichsäpfel. Den Dreißigjährigen Krieg (1618-1648) haben in Schierstein nur zwei Wohnhäuser überstanden – das Haus „Zum Reichsapfel" ist eines davon. Über 300 Jahre wurde das stattliche Gebäude als Gasthaus genutzt, heute dient es als Wohnhaus. Es steht an der Hauptstraße im Zentrum von Schierstein, durch die allmorgendlich der Verkehr aus dem nahen Rheingau in Richtung der Wiesbadener Innenstadt rollt. Sie heißt – ist es anders zu erwarten? – Reichsapfelstraße.

„Schierstein gehörte zum Kronland der fränkischen Könige. Und folglich trägt es den Reichsapfel im Wappen, weil diese Könige ihn schon damals als Herrschaftssymbol führten."

Eva Wodarz-Eichner

So geht's zur Metallskulptur:

Der Reichsapfel steht in einer kleinen Grünanlage in unmittelbarer Nähe der zentralen Kreuzung in Schierstein zwischen Rheingau-, Zeil-, Reichsapfel- und Saarstraße.

Betonklotz
Eine erschreckende Inschrift

Hermann Meyer drückt sein Gesicht in das Kissen, das auf dem Schoß der Mutter liegt. Nichts hören will er und nichts sehen. Die Augen und Ohren verschließen vor dem, was ihm da gerade geschieht. Was der ganzen Stadt geschieht: Wiesbaden wird bombardiert, der Junge hat Todesangst. Hermann Meyer, der seine Erinnerung an jene Tage später in dem Buch *Als Kriegskind in Wiesbaden* niederschreiben wird, verbringt die Nacht mit seiner Mutter und seinen Brüdern im Keller ihres Hauses in der Lahnstraße. „Der Hauskeller ist klein und die Decke mit vielen runden Holzstempeln abgestützt. Man muss irgendwo zwischen den Balken Platz finden. (…) das Wummern beginnt. Immer näher scheinen die Einschläge zu kommen. Das ganze Haus wackelt, dann hört man die Fensterscheiben zersplittern. Mich überfällt Todesangst."

Die Stadtteilhistorikern Kathrin Schwedler, die sich vielfach mit Wiesbaden im Bombenkrieg beschäftigt hat, weiß: „Manchmal gingen die Meyers auch in den in zehn Minuten zu Fuß erreichbaren städtischen Bunker unterm Schulberg." Das war einer der drei Großbunker, zu denen auch der Hochbunker an der Friedrich-Ebert-Allee und der Tiefbunker am Kaiser-Friedrich-Platz zählten. Vom Bunker am Schulberg, in dem Familie Meyer so manche Bombennacht verbrachte, ist heute noch etwas zu sehen: „Ein riesiger Betonklotz direkt am Römertor, an dem die meisten Menschen achtlos vorübergehen. Man sieht ihm nicht an, dass er einmal ein riesengroßer Bunker in einem weit verzweigten Stollensystem", war, wie Meyer schreibt. „Er ist direkt am Römertor in der Coulinstraße in den Berghang gebaut. Der Bunker ist bei Fliegeralarm schnell überfüllt." Wenn das schwere Stahltor von dem Luftschutzwart geschlossen wird, sorgen die vielen Menschen im Bunker für eine stickige Luft und ich bin froh, wenn ich wieder raus darf. Bis kurz vor Kriegsende ist Wiesbaden von größeren Schäden

Kathrin Schwedler betrachtet den Schriftzug am Bunkereingang.

75

verschont geblieben und ich habe bis dahin nur vereinzelt Hausruinen gesehen."

Ab August 1940 fielen Bomben vor allem auf kriegswichtige Industrievororte. Biebrich traf es besonders schwer mit der britischen „Riesenbombe" im Mai 1941. Insgesamt flogen die Alliierten Wiesbaden 66 Mal an. Am 4. Oktober 1943 warfen 16 amerikanische Fliegerverbände rund 80 Sprengbomben ins durchgrünte Wohngebiet zwischen Dambachtal und Lahnstraße.

„Am 2. und 3. Februar und nochmals im März 1945 kam es erneut zu massiven Luftschlägen, die demoralisieren sollten", sagt Kathrin Schwedler. Rund 500 Bomber waren mit ihrer tödlichen Last gestartet. Doch an jenem Tag lag eine geschlossene Wolkendecke über dem Kessel der Stadt. „Abgeworfen wurde daher im Blindflug, dennoch wurde das Kurviertel schwer getroffen", sagt Kathrin Schwedler. „Das Hotel Vier Jahreszeiten, der Nassauer Hof, das Theater, das Kurhaus, das Rathaus, das Lyzeum am Schlossplatz, das Viktoria-Hotel und viele weitere Gebäude wurden zerstört oder schwer beschädigt." Und Meyer schreibt: „Ich weiß damals noch nicht, dass es andere Städte in dieser Zeit viel schlimmer getroffen hat als Wiesbaden, wo nur 25% der Bausubstanz statt woanders 75% zerstört sind."

Insgesamt sind im Wiesbadener Bombenkrieg rund 1700 Menschen gestorben.

Von der Bunkeranlage am Schulberg ist nur noch ein grauer Betonklotz in der Coulinstraße zu sehen. Durch den jetzt verrosteten Eingang liefen Hunderte Menschen, um ihr Leben zu retten. Begrüßt wurden sie von einer beklemmenden Inschrift, die man heute noch entziffern kann: *Jedes Opfer für den Sieg*.

Eva-Maria Bast

So geht's zum Betonklotz:

Er befindet sich in der Coulinstraße direkt am Römertor.

Alexander Pfeiffer hat sich mit der Geschichte des Schweigers beschäftigt.

Schweiger

Eine Stadt in großer Aufregung

Die Statue des *Schweigers* vor der Marktkirche ist allseits bekannt. Krimiautor Alexander Pfeiffer hat jedoch festgestellt: „Die meisten Menschen wissen zwei Dinge über die Statue: Erstens, dass sie *Der Schweiger* heißt und zweitens, dass hier Prinz Wilhelm von Oranien dargestellt ist." Warum die Statue aber heißt, wie sie heißt, und was Wilhelm von Oranien (1533-1584) eigentlich vor der Marktkirche verloren hat, sei dann aber doch den meisten unbekannt. Ebenso wie die Geschichte, dass Wilhelm einen Vorgänger aus Pappe hatte. „Die Statue wurde der Stadt von Kaiser Wilhelm II. geschenkt", erzählt der Autor. Das sorgte in Wiesbaden für helle Aufregung: Ein Geschenk des Kaisers konnte man schließlich nicht irgendwo hinstellen. Man musste einen geeigneten

Platz finden, einen, an dem sich Wilhelm von Oranien gut in die Umgebung einfügt. Um das auszuprobieren, schufen die Wiesbadener einen Wilhelm aus Holz und Pappe, stellten ihn mal hierhin und mal dahin, auch die Presse diskutierte eifrig: „Eine so zentrale Stelle, wie der Platz vor der Marktkirche kann nur ein Denkmal eines Herrschers oder Mannes aufnehmen, der sich um Stadt und Land ganz besonders verdient gemacht, eines Herrschers, der über beide wirklich regiert hat. Da kämen also nur entweder die drei nassau-walramischen Herzöge Friedrich August, Wilhelm oder Adolf, oder ihre Nachfolger, die preußischen Könige Wilhelm I., Friedrich oder Wilhelm II. in Betracht", meinte ein Journalist. „Wilhelm I. und Friedrich, die Kaiser, haben ihre Denkmäler. Bleibt also nur noch Wilhelm II. und wir meinen, ihm, der die Arbeit der Altnassauer Herzöge für Wiesbaden fortgesetzt hat, müsse der Platz vor der Marktkirche reserviert bleiben."

Allein, alle Aufregung und Mühe hätten sich die Wiesbadener sparen können: Der Kaiser kam, sah und entschied selbst, nämlich, dass der steinerne Wilhelm vor der Marktkirche auf seinen ebenso steinernen Sockel gehoben werden soll, von wo aus er nun wunderbar schweigen konnte – was einer Steinstatue ja nicht allzu schwer fällt. Dass Wilhelm aus Stein ist, war aber freilich nicht der Grund, warum er *Der Schweiger* genannt wurde. Auch sein lebendes Vorbild trug diesen Namen – ganz einfach deshalb, weil es seinen Charakter bezeichnete. Wilhelm von Oranien war ein sehr stiller und sehr entspannter Mensch – der jedoch entschieden für seine Überzeugung eintrat. Das hob auch Seine Majestät hervor, die zur Enthüllung des Denkmals selbstredend nach Wiesbaden gekommen war, um dem „verehrten Herrn Oberbürgermeister!" und seiner „getreuen Stadt Wiesbaden dieses, von Meisterhand trefflich ausgeführte Standbild meines oranischen Ahnherrn, des großen Schweigers Wilhelms I., Prinzen von Oranien, Grafen von Nassau" zu übergeben. Wilhelm von Oranien sei mit „großen Geistesgaben, einem lauteren Charakter und heldenmütigem Sinn" versehen gewesen und „in den Kampf seines Lebens" eingetreten, „den Kampf für seinen Glauben, den er bis zum Märtyrertod durchgekämpft hat, getreu seinem Gelöbnis: *je maintienbrai!*" Was er für die Befreiung der Niederlande und die Begründung der Niederländischen Unabhängigkeit getan habe, sei „mit goldenen

Lettern in der Geschichte dieses Volkes verzeichnet." Wilhelm von Oranien hatte sich vehement gegen die aggressive Religionspolitik Philipps II., König von Spanien (1527-1598) gestellt, was 1579 in der Union von Utrecht gipfelte. Damit war die niederländische Republik geboren und Philipps Hass auf Wilhelm auf dem Siedepunkt. Er erklärte den Prinzen als vogelfrei und belegte ihn mit dem Bann. Jeder durfte nun Jagd auf ihn machen, mehr noch: Wer den „Ketzer" töten würde, war sich Gottes Lohn sicher, so wurde propagiert. Mehrfach konnte der Prinz dem Anschlag entgehen, doch am 10. Juli 1584 gab es kein Entkommen: Wilhelm von Oranien wurde in seiner Delfter Residenz von einem religiösen Fanatiker, Balthasar Gérard, erschossen.

Doch zurück nach Wiesbaden und zur Einweihung seines Denkmals, wo sich der Regen zu Beginn der Feier verzogen hatte, wo Schülerinnen in weißen Kleidern, Blumen in die Haare geflochten und in den Händen haltend, den Schlossplatz säumten und sich das Publikum „hinter diesem duftigen Ring" drängte. Wo die Kaiserin ihr lilafarbenes Promenadenkostüm präsentierte und der Kaiser über seinen Ahnen sagte: „Dessen Lebensschiff einst in der Ferne durch wilde Wogen dahingetrieben ward, dem soll hier an den linden Quellen

Als dieses Denkmal einst aufgestellt wurde, herrschte in Wiesbaden große Aufregung.

seiner Heimat zu stetem Gedächtnis dieses Standbild geweiht sein, das seine nassauischen Landsleute allezeit in treuer Hut halten mögen."

Sprach's, winkte und schon „flatterten sodann die Fahnen, welche das Denkmal umhüllt hatten, an den flankierenden Flaggenmasten empor und das eherne Standbild Wilhelmus von Nassauen's präsentierte sich den Blicken der Festversammlung", wie die Presse berichtete.

Bleibt die Frage, was Wilhelm von Oranien nun genau mit Wiesbaden zu tun hat: Strenggenommen rein gar nichts, wie auch die Zeitung damals schrieb: „Wilhelmus von der nassau-oranischen Linie hat niemals auch nur die geringste Beziehung zu Wiesbaden und dem Taunuslande gehabt; wie kann man ihm denn also auf dem Haupt- und Zentralplatz ein Denkmal setzen wollen! Allerdings darf Gesamtnassau, also auch Wiesbaden, namentlich das evangelische, Anteil an ihm fordern, weil er […] der Verfechter des Protestantismus, und weil er, fügen wir hinzu, ein Vorkämpfer der Volksrechte entgegen dem Absolutismus war, also universale Bedeutung hat."

Und deshalb steht er nun tagein, tagaus vor der Marktkirche. Schweigend, versteht sich.

„Die meisten Menschen wissen zwei Dinge über die Statue: Erstens, dass sie ‚Der Schweiger' heißt und zweitens, dass hier Wilhelm von Oranien dargestellt ist."

Eva-Maria Bast

So geht's zum Schweiger:

Er steht unübersehbar direkt vor der Marktkirche, Schlossplatz 4.

Volker Thedens-Jeckel vor dem Relief.

Relief
Erinnerung an Martin Niemöller

„Als die Nazis die Kommunisten holten, habe ich geschwiegen; ich war ja kein Kommunist. Als sie die Sozialdemokraten einsperrten, habe ich geschwiegen; ich war ja kein Sozialdemokrat. Als sie die Gewerkschafter holten, habe ich geschwiegen, ich war ja kein Gewerkschafter. Als sie mich holten, gab es keinen mehr, der protestieren konnte." Kurz bevor „sie" den Verfasser dieser Zeilen, in denen auch eine gehörige Portion Selbstkritik zum Ausdruck kommt, „holten", wie er sagt, war er in Wiesbaden. „Martin Niemöller, einer der bekanntesten Männer der evangelischen Kirchengeschichte, hat, bevor er in Sachsenhausen inhaftiert wurde, in der Marktkirche und in der Bergkirche gepredigt", sagt Volkmar Thedens-Jekel, Pfarrer der Lutherkirche. „Er hat sich nicht gescheut, die staatlich verordnete Rassenideologie und Verfolgung der Juden von der Kanzel herab zu brandmarken." Später, lange nach dem Dritten Reich, kam er nach Wiesbaden zurück. „Er wohnte in der Brentanostraße 3, ein Gebäude, das wegen des Reliefs an der Fassade ganz klar den kirchlichen Bezug aufweist, an dem aber die meisten Menschen achtlos vorbeigehen", sagt der Pfarrer und beschreibt die Darstellung an der Hausfassade: „In der Mitte das Kreuz, links das Brot, rechts die Trauben, die Evangelisten Matthäus, Markus, Lukas, Johannes." Zum Brot ist in *Knaurs Lexikon der Symbole* zu lesen: „… die zwölf Schaubrote im Tempel des Alten Testaments sind Sinnbilder der geistigen Nahrung. Im Neuen Testament ist beim Wunder der Brotvermehrung von 12 Körben mit Fischen und 12 Körben mit Broten die Rede. Da der Mensch nicht vom (materiellen) Brot allein lebt, wird das ‚Brot des Lebens' der Eucharistie zur Seelenspeise, zusammen mit dem Wein." Womit wir bei den Trauben wären: „Die mittelalterliche Symbolik illustriert oft das Gleichnis, nach dem Christus der Weinstock ist, während seine Jünger die Reben darstellen", weiß das Lexikon. „Die Weinernte ist ein Symbol des Weltgerichts am Ende der Zeiten."

Doch zurück zu dem Mann, der das Ende seines Lebens in diesem Haus verbrachte: Der Entschluss, eine geistliche Laufbahn einzuschlagen, reifte bei Martin Niemöller (1892-1984), als er nach dem Militärdienst eine landwirtschaftliche Lehre begann. Er studierte Theologie, anschließend arbeitete er als Vikar, acht Jahre später, 1931, hatte er eine Pfarrstelle in Berlin inne. Den Nationalsozialisten

An diesem Relief laufen die meisten Menschen achtlos vorüber

stand er erst einmal offen gegenüber: „Weil N. sich vom Nationalsozialismus die Wiederherstellung der kulturellen Identität der deutschen Gesellschaft auf christlicher Grundlage erhoffte, hatte er schon seit 1924 nationalsozialistisch gewählt und begrüßte 1933 die Errichtung des autoritären Führerstaates unter Hitler", schreibt Carsten Nicolaisen in der *Neuen Deutschen Biographie*. Die „nationalsozialistische Kirchenpartei der Deutschen Christen" habe er jedoch von Anfang an abgelehnt: „Obwohl selbst nicht frei von antisemitischen und antijudaistischen Vorurteilen, sah Niemöller mit der Übernahme des staatlichen ‚Arierparagraphen' durch deutschchristliche Kirchenleitungen den ‚Status confessionis' gegeben", schreibt Nicolaisen. Deshalb habe er im September 1933 einen reichsweiten Pfarrernotbund gegründet, dessen Leiter er wurde. „Obwohl er weiterhin mit vielen Inhalten und Zielen des Nationalsozialismus übereinstimmte, geriet er objektiv mehr und mehr in die politische Illegalität, zumal er sich mit seinem Kampf [...] direkt den Maßnahmen staatlicher Kirchenpolitik widersetzte." Außerdem habe er in seinen Predigten „kirchenfeindliche Äußerungen prominenter Na-tionalsozialisten und das von ihnen vertretene „Neuheidentum" angegriffen. Damit wurde Niemöller international bekannt: Als Symbolfigur des kirchlichen Widerstandes gegen den Nationalsozialismus. „In jener Zeit sprach er auch in Wiesbaden", merkt Thedens-Jekel an. „Und 1937 wurde er schließlich verhaftet. Eigentlich hatte das Gericht ihn nur zu einer Geldstrafe verurteilt und zu einer Festungshaft, die er durch die bereits erfolgte Untersuchungshaft schon abgesessen hatte, aber Hitler ließ ihn als seinen persönlichen Gefangenen nach Sachsenhausen bringen." Nach drei Jahren wurde er im Konzentrationslager Dachau interniert, vorbei war das Martyrium für Niemöller erst 1945. Frei war er nun, still war er nicht geworden: „Die Sorge um die Einheit Deutschlands veranlaßte N. nach 1945 zu radikalen politischen Stellungnahmen. Er polemi-

„Martin Niemöller, einer der bekanntesten Männer der evangelischen Kirchengeschichte, hat, bevor er in Sachsenhausen inhaftiert wurde, in der Marktkirche und der Bergkirche gepredigt."

sierte ebenso gegen die Gründung der Bundesrepublik Deutschland 1949 […] wie gegen die Wiederbewaffnung Westdeutschlands, die Rüstungspolitik der Großmächte und die Anpassung der Kirche an die Ideologie des Kalten Krieges", schreibt Carsten Nicolaisen.

Als er nach Wiesbaden zog – in das Haus, das durch das Relief so reich ist an Symbolik –, wurde er Mitglied der Lutherkirchengemeinde und hielt regelmäßig Gottesdienste in der Lutherkirche. „Hier fand nach seinem Tod auch die große Trauerfeier statt", sagt Thedens-Jekel.

Christa Schyboll schreibt in einem Aufsatz über den Pfarrer: „Er ging stets an die Wurzel des Denkens, Fühlens und Glaubens und schaute auch dort unbarmherzig hin, wo es schmerzte. […] Auch im Alter griff er die deutsche Politik an, wo er glaubte, dass sie versage." Martin Niemöller „wurde nicht müde, seine Warnungen in Bezug auf mögliche weitere Kriege zu wiederholen. Sein Eintritt für den Frieden gehört zu den bemerkenswerten Leistungen des evangelischen Theologen, der ‚Bekennende Kirche' zu seinem Lebensstil machte."

Eva-Maria Bast

So geht's zum Relief:

Es befindet sich an der Fassade des Hauses Brentanostraße 3.

Gabriele Glessmann vor der Inschrift an dem kleinen Fachwerkanbau.

Inschrift
Das letzte Eis kam aus Sonnenberg

Wer weiß heute eigentlich noch, was ein richtiger Eismann ist? Nein, nicht der, bei dem im Sommer alle Naschkatzen Schlange stehen und sich von Schokolade über Erdbeer und Haselnuss bis zu Malaga, Cookies und Zitronensorbet durchschlecken. Das Eis, um das es der Rambacher Heimathistorikerin Gabriele Glessmann geht, kann man nicht essen – es wurde früher in Stangen verkauft und zum Kühlen verwendet. In Sonnenberg betrieb der letzte Eishändler Wiesbadens bis in die 1970er-Jahre sein Gewerbe. An dem kleinen roten Fachwerkanbau des Hauses in der Schlagstraße 6 befindet sich noch heute die eingekratzte Inschrift *Natureis W. Frey*.

„Wilhelm Frey hatte eine Stangeneishandlung und besaß das Eishaus mit Weihern am Ende des Goldsteintals", erklärt Gabriele Glessemann, die Mitglied im Heimatverein Sonnenberg ist. In den Weihern wurde im Winter das Eis gewonnen, anschließend in große Blöcke zerteilt und im fensterlosen Eishaus gestapelt. „Außerhalb der hohen Mauern gab es einen Paternoster aus Holz, der die schweren Blöcke nach oben hievte und sie von dort ins Gebäude hinabließ", erklärt Gabriele Glessmann. Frey war Anfang des 20. Jahrhunderts nur einer von mehreren Eislieferanten im Wiesbadener Raum; es gab Konkurrenz in Sonnenberg, Rambach oder in Dotzheim. So stand beispielsweise auch am Eingang des Goldsteintales, in der Nähe der Stickelmühle, ein großes Eishaus. Benötigt wurde das Eis vor allem von Hotels und Restaurants in Wiesbaden, die mit den großen Eisstangen ihre Keller und Kühlhäuser kalt hielten. „Die Stangen wurden in eigens dafür vorgesehene Fächer der „Eisschränke" geschoben", erklärt die Heimathistorikerin. „Denn den elektrischen Kühlschrank gab es noch nicht."

Neben seiner Eishandlung betrieb Wilhelm Frey auch ein Fuhrunternehmen. In den 1920er- Jahren stellte Frey den jungen Seiler Adolf Roth aus Neuhof ein, an den er später sein Unternehmen verkaufte. Als „Wiesbadener Eismann" gehörte er mit seinem Eiswagen, dessen Doppelwände mit Korkstücken dick isoliert waren, über Jahrzehnte zum Stadtbild. Gezogen wurde der schwere Wagen von Lotte und Max, einem braunen und einem weißen Pferd, die auch bei ständig ansteigendem Autoverkehr gemütlich die Sonnenberger Straße entlang bis nach Wiesbaden trabten und gerne mal den ganzen Verkehr blockierten. Noch in den 1970er-Jahren lieferte der selbst

Die eingekratzte Inschrift erinnert an einen ausgestorbenen Beruf.

mittlerweile über 70-Jährige noch Eis aus, denn tatsächlich gab es noch eine Handvoll Haushalte, in denen auf altbewährte Weise gekühlt wurde. Im Anschluss holte er von den Gaststätten Abfälle ab, die er an seine Schweine verfütterte.

„Adolf Roth war irgendwann selbst ein Relikt aus einer anderen Zeit", sagt Gabriele Glessmann, die ihn noch gekannt hat. „In den vielen Jahren, die das Gespann mit fahrplanmäßiger Pünktlichkeit durch bestimmte Straßen der Innenstadt trottete, ist der Eismann mit seinen Pferden den Wiesbadenern ans Herz gewachsen. Die Passanten sind stehengeblieben, um das Fuhrwerk zu betrachten. Einige haben schon an den festen Halteplätzen gewartet, um den Pferden Leckerbissen zuzustecken", erinnert sich die Rambacherin. Als Max starb, gab es im *Wiesbadener Kurier* sogar einen Nachruf auf das treue Pferd. Spenden sind in der Redaktion eingegangen, von denen sich Adolf Roth ein neues Pferd kaufen sollte. Tatsächlich fuhr Roth noch als fast Neunzigjähriger regelmäßig mit seinem Fuhrwerk in die Innenstadt.

> *„Die Stangen wurden in eigens dafür vorgesehene Fächer der ‚Eisschränke' geschoben."*

„Immer wieder wurde er gefragt, warum das Eis bei sommerlicher Hitze nicht schmilzt. Dann hat er erklärt, dass es mit einer Plane gut abgedeckt sei und ihm deshalb die Hitze nicht viel ausmacht", erzählt Gabriele Glessmann. Adolf Roth, der letzte Eismann Wiesbadens, starb am 29. Januar 1994. Sein Grab befindet sich auf dem Sonnenberger Friedhof. Und die Inschrift auf dem kleinen Fachwerkbau erinnert an ihn und an einen Beruf aus einer anderen Zeit.

Eva Wodarz-Eichner

So geht's zur Inschrift:

Die alte Inschrift „Natureis W. Frey" befindet sich an dem kleinen Fachwerkanbau in der Schlagstraße 4 in Sonnenberg.

Carillon
Süßer die Glocken nie klingen

Er spielt das größte Instrument Wiesbadens und eines der lautesten obendrein: Wenn Dr. Thomas J. Frank die Glockenklöppel des Carillons der Marktkirche in Bewegung setzt, hört die ganze Stadt zu. Oder doch zumindest die halbe – „das Carillon ist längst Teil von Wiesbaden geworden, und darüber freue ich mich sehr", sagt der Marktkirchenkantor.

Jeden Samstag erklingt das Carillon von 12.05 bis 12.30 Uhr und übertönt dabei durchaus den Trubel auf dem Marktplatz. Zwischen Blumen- und Obstständen war eben noch ein Schwätzchen gehalten worden; gerade konnten sich zwei Kundinnen am Käsewagen nicht entscheiden, welche Sorte die beste sei – da ertönen die Glockenmelodien von der Marktkirche. Und jeder, wirklich jeder Kopf auf dem Wochenmarkt dreht sich in Richtung der Kirche, von der die Klänge schallen. Suchende Blicke schweifen über die fünf Türme, aber nirgendwo lässt sich ein Hinweis finden, woher das Glockenspiel kommt. Ein Geheimnis?

„Eigentlich nicht", schmunzelt Thomas J. Frank: Untergebracht ist das Carillon im Hauptturm der Marktkirche in 35 bis 55 Metern Höhe. „Dort hängen 49 Bronzeglocken mit einem Gewicht zwischen 13 Kilo und 2,2 Tonnen, die für die schöne Musik verantwortlich sind." Alle Glocken zusammen wiegen insgesamt elf Tonnen. Rechnet man noch die solide Stahlkonstruktion dazu, an der sie aufgehängt sind, sind es schier unglaubliche 21 Tonnen, die hoch oben im Nassauischen Landesdom hängen. Gespielt wird das Carillon aus der kleinen, vor Wind, Wetter und Lautstärke geschützten Kabine, die zwischen den Läute- und den Carillon-Glocken angebracht wurde.

Exakt 290 Treppenstufen muss der Kantor hinaufsteigen, bevor er am Spieltisch Platz nehmen kann. Dieser hat durchaus Ähnlichkeiten mit einer mechanischen Klaviatur: Die Klöppel der Glocken sind über Zugdrähte und Kipphebel mit den riesigen Tasten verbunden. Genau

Kantor Dr. Thomas J. Frank zeigt, wo die 49 Glocken des Carillons hängen: Im Hauptturm der Marktkirche, des „Nassauischen Landesdoms".

genommen handelt es sich eher um Stöcke, die wie Klaviertasten angeordnet sind. Um die Glocken anzuschlagen, ist ein großer Kraftaufwand nötig; deshalb wird das Manual auch mit der Faust bedient. Wenn er längere Zeit spielt, schützt der Kantor seine Hände mit Pflastern und Fingerlingen. Die größeren Glocken kann er zusätzlich mit den Füßen über Pedale anschlagen. Das macht es möglich, dass vom Glockenturm nicht nur einfache Lieder, sondern auch komplizierte Kompositionen erklingen. Wenn er üben – und nicht gleich die ganze Stadt unterhalten – will, nutzt der Spieler einen Übungsspieltisch, der einer Hebelklaviatur gleicht und statt mit Glocken mit metallenen Klangplatten ausgestattet ist.

Europaweit können nur wenige Musiker ein solches Carillon spielen – an der Marktkirche gibt es mit Thomas J. Frank und seinem Kollegen Hans Uwe Hielscher gleich zwei Kantoren, die diese Kunst beherrschen. Das Carillon kann allerdings auch automatisch gespielt und per Computer gesteuert werden.

Das Carilllon hängt oberhalb der Läuteglocken und unterhalb der beginnenden Turmspitze.

„Ich bin praktisch mit dem Carillon der Marktkirche aufgewachsen", sagt Thomas J. Frank, der schon als Teenager von der Glockenmusik fasziniert war. In den Niederlanden hat er das Carillonspielen erlernt – überhaupt haben Carillons dort eine weitaus größere Tradition als bei uns: Dort wurden die meisten Instrumente angefertigt und nach ganz Europa geliefert. Im 17. Jahrhundert erlebte die Kunst des Carillonspielens ihre Blütezeit, bevor sie im 19. Jahrhundert allmählich in Vergessenheit geriet. Erst Mitte des 20. Jahrhunderts interessierte man sich wieder für die Melodien vom Glockenturm, und schon damals waren die Niederländer darin führend. Auch das Carillon der Marktkirche, übrigens eines der größten von nur etwa 45 in Deutschland, stammt aus einer niederländischen Werkstatt. Es wurde am Reformationstag, dem 31. Oktober, 1986 eingeweiht.

Und was genau ist eigentlich der Unterschied zwischen einem Glockenspiel und einem Carillon? „Das Carillon ist ein Glockenspiel, das von Hand gespielt wird", erklärt Thomas J. Frank. Das Glockenspiel, wie es oft von Rathaustürmen erklingt, ist dagegen mechanisch gesteuert und kann deshalb längst nicht so nuanciert klingen wie es beim Carillon möglich ist.

Seit 2013 ist pünktlich um 12 Uhr an jedem Sonntag das „Hessenlied" zu hören, das der Komponist Harald Genzmer (1909-2007) geschrieben hat. „Ich mag es", sagt Thomas J. Frank: „Es ist würdevoll und für mich ein Stück Heimat, ein Stück Wiesbaden."

Übrigens: Wer meint, dass sich das Carillon seit einiger Zeit voller anhört als früher, hat recht: Im Frühjahr 2018 wurden fast alle Glocken an das täglich mehrfach erklingende automatische Spiel angeschlossen, nachdem es ursprünglich nur 25 waren. Da kann man nur sagen: Süßer die Glocken nie klingen. Selbst, wenn gerade nicht Weihnachten ist.

Eva Wodarz-Eichner

So geht's zum Carillon:

Das Glockenspiel befindet sich im Hauptturm der Marktkirche am Schlossplatz. Es ist fast in der ganzen Innenstadt zu hören.

Geballtes Wissen: Chefredakteur Stefan Schröder weist auf die Dachskulptur – für das Foto ist Schröder dem Pressehaus aufs Dach gestiegen.

24
Dachskulptur
Das Wissen auf dem Pressehaus

Kann einen das Wissen erschlagen? Vermutlich nicht. Das können höchstens Informationen - viele, zu viele, die auf einen einstürmen, Tag für Tag. Diese Flut von Informationen zu sichten, zu bewerten, zu erklären und für den Leser aufzubereiten, damit er Wissen aus ihnen schöpft, ist Aufgabe des Journalisten. Und Journalisten arbeiten in dem prächtigen Haus in der Langgasse 21, auf dessen Giebel die allegorische Figur des Wissens steht, und zwar seit über 100 Jahren. Heute in der Fußgängerzone gelegen, prägt das Pressehaus seine Umgebung und zieht die Blicke der Passanten schon von weitem auf sich.

„Den Mittelbau krönt eine überlebensgroße, nackte Jünglingsfigur, die, ein Symbol der Aufklärung und des Wissens, jede ehrliche, ihrer Zeit dienende Zeitung zu verbreiten strebt, den Beschauern ein Buch entgegenhält", heißt es am 24. Oktober 1909 im *Wiesbadener Tagblatt* über die Figur auf dem Dach des neuen Pressehauses, wobei das aufgeschlagene Buch das „Wissen" allegorisiert. Der Wiesbadener Bildhauer Philipp Modrow (1882-1925) hat sie erschaffen und krönte damit den neu eröffneten, hochmodernen Zeitungspalast.

„Wir drücken es heute nicht mehr so pathetisch aus wie die Kollegen im Jahr 1909, aber die Werte, die die Figur auf dem Dach des Pressehauses verkörpert, gelten auch für uns", sagt Stefan Schröder, Chefredakteur von *Wiesbadener Kurier* und *Wiesbadener Tagblatt*. Beide Zeitungen arbeiten heute nicht nur unter einem Dach, sondern sogar in derselben Redaktion. Bis es soweit kam, war es ein weiter Weg – eng verknüpft mit der Geschichte des prächtigen Pressehauses.

Und der Geschichte der Familie Schellenberg: Sie beginnt damit, dass Ludwig Schellenberg (1772-1834), genannt „der dicke Louis", das herzogliche Privileg erhielt, im Jahr 1809 in Wiesbaden eine Druckerei zu eröffnen. Die „Schellenbergsche Hofbuchdruckerei" produzierte schon damals in der Langgasse und wurde in kurzer Zeit zu Nassaus größter Druckerei. Ludwig Schellenberg begann auch selbst Bücher herzustellen – damit gilt er gleichzeitig auch als Nassaus erster Verleger.

Sein Sohn August Schellenberg (1814-1869) führte das Unternehmen weiter und gründete 1852 das *Wiesbadener Tagblatt*. Die Druckerei expandierte und bezog damals schon einen Vorgängerbau des heutigen Pressehauses. Und die Erfolgsgeschichte ging weiter: August Schellenbergs Sohn Louis (1852-1920) gelang es, das *Wiesbadener Tagblatt* zur auflagenstärksten Tageszeitung in der Stadt zu machen. Als „königlich preußischer Hofbuchdrucker" investierte er in moderne Maschinen, kaufte Immobilien dazu und ließ in den Jahren 1905 bis 1909 das stattliche Pressehaus errichten – damals und heute einer der schönsten Zeitungspaläste in Deutschland.

Der historistische Prachtbau wurde mit vielen Jugendstilelementen ausgestattet: Mosaiken, die das Schellenbergsche Familienwappen ebenso wie Medaillons von Albrecht Dürer und Johannes Gutenberg zeigen; Fenster, sogar Jugendstilheizungsverkleidungen und -briefkästen. Redaktion, Druckerei und Geschäftsleitung arbeiteten hier unter

Verleger Gustav Schellenberg bis 1945. Allerdings musste er im Juni 1943 hinnehmen, dass sein *Tagblatt* und das *Nassauer Volksblatt* (NSDAP) zwangsvereinigt wurden, den Namen *Wiesbadener Zeitung* erhielten und ein Organ der Nationalsozialisten wurden. Mit Zwangsfusion ging das Pressehaus samt Inventar auf die nationalsozialistische *Wiesbadener Zeitung* über. Gustav Schellenberg besaß daran noch 50 Prozent Anteil.

Nach Kriegsende erhielt er von der amerikanischen Besatzungsmacht Berufs- und Hausverbot. In die Räume des vormaligen Tagblatt-Hauses zog jetzt die Redaktion des von den Amerikanern lizenzierten *Wiesbadener Kuriers* ein. Aber Gustav Schellenberg gab nicht auf: 1949 ließ er unter großem persönlichen Einsatz das *Wiesbadener Tagblatt* erneut erscheinen, auch wenn die Zeitung nie wieder an ihren alten Erfolg anknüpfen konnte: Der *Wiesbadener Kurier* war zur führenden Zeitung in der hessischen Landeshauptstadt geworden. Und residierte im Pressehaus, während die *Tagblatt*-Redaktion in einem Neubau am Standort der alten Herrenmühle (siehe Geheimnis 04) untergebracht wurde. 1990 zog sie vorübergehend an den Michelsberg, bevor sie 1999 ins Pressehaus zurückkehrte, das mittlerweile auch das *Wiesbadener Wochenblatt* unter seinem Dach beherbergte.

In der Skulptur sind noch die Einschusslöcher aus dem Zweiten Weltkrieg zu sehen.

Doch der einstmals so moderne Zeitungspalast war in die Jahre gekommen: Dringende Brandschutz- und Sanierungsmaßnahmen zwangen alle Verlagsabteilungen dazu, Ende 2013 das Pressehaus vorübergehend zu verlassen und in der Kleinen Schwalbacher Straße ein Übergangsquartier zu beziehen. Das Gebäude wurde entkernt und saniert, neben neuen Redaktions- und Verlagsräumen entstanden auch Geschäfte und 18 Stadtwohnungen.

Bei den Arbeiten ist die allegorische Figur zum ersten Mal nach über 100 Jahren vom Dach geholt worden. „Da hat man erst festgestellt, dass sie Einschusslöcher im Körper hatte; dass kurz nach dem Krieg sozusagen ein Angriff auf das Wissen stattgefunden hat", sagt Stefan Schröder. Nach Aussage von Augen- und Ohrenzeugen haben übermütige Soldaten der US-Army von dem Balkon eines benachbarten Hotels aus Schießübungen auf die Skulptur veranstaltet. Sie wurde sacht restauriert – und steht wieder auf ihrem angestammten Platz auf dem Giebel. Auch die Redaktionen von *Wiesbadener Kurier* und *Tagblatt* arbeiten längst wieder im Pressehaus.

Übrigens: Gleich drei Familien aus Wiesbaden haben Anspruch darauf erhoben, dass ein männliches Familienmitglied dem Bildhauer Philipp Modrow seinerzeit Modell für die Dachskulptur gestanden habe. „Das können wir heute nicht mehr klären", schmunzelt Stefan Schröder. „Letztlich ist es auch nicht wichtig: Wichtig ist, dass wir als Medienschaffende das Wissen und den verantwortlichen Umgang mit ihm heute und künftig hochhalten – ebenso, wie die Figur ihr großes schlaues Buch dem Himmel entgegenstreckt."

Eva Wodarz-Eichner

So geht's zur Dachskulptur:

Die Figur steht auf dem Dach des Pressehauses in der Langgasse 21 und kann nicht übersehen werden.

Schuhabstreifer
Wie der Dreck früher draußen blieb

Man muss schon zweimal hinschauen, bevor einem das unscheinbare Metallstück auffällt, das ein paar Zentimeter weit aus der Backsteinmauer des Hauses Wandersmannstraße 7 in Erbenheim heraussteht. Nicht weit genug, dass man unversehens darüber stolpern könnte, aber mit seinen rund 15 Zentimetern Länge doch immerhin so weit, dass man sich fragt, wofür die schwarze Metallschiene eigentlich gut sein kann.

„Solche Metallriegel gab es früher an ganz vielen Häusern hier in Erbenheim und in den anderen östlichen Vororten von Wiesbaden, wo intensiv Landwirtschaft betrieben wurde", sagt Elke Baade. Sie muss es wissen, dann die langjährige Redakteurin von *Wiesbadener Kurier* und *Tagblatt* ist nicht nur gebürtige Erbenheimerin, sondern wuchs dort auch in den 1950er-Jahren auf, bevor es sie Anfang der 70er-Jahre in die Innenstadt zog.

„In meiner Kindheit war Erbenheim ein richtiges Bauerndorf", sagt die Journalistin fast ein bisschen wehmütig. Heute gibt es in Erbenheim nur noch ein paar Landwirte, die meist im Nebenerwerb ihre Höfe betreiben. „Damals gab es diese Teile aus Eisen auch in Halbkreisform und sie waren in Fußhöhe fest in vielen Häusern eingemauert. Sie dienten dazu, dass die Bewohner, wenn sie vom Feld kamen mit Ackerschollen an den Sohlen, den Dreck nicht mit in die Häuser schleppten, sondern eben an diesen Eisen die Schuhe abstreiften."

Solche Schuhabstreifer (oder auch „Stiefelkratzer") gab es schon zu Zeiten des Barock, wie Elke Baade vom Nordenstadter Bauhistoriker Dr. Hans-Hermann Reck erfahren hat. Danach waren sie bis nach dem Zweiten Weltkrieg weit verbreitet, heute sieht man sie nur noch selten. Oft fallen diese Relikte aus früheren Zeiten Hausrenovierungen zum Opfer. Im Verborgenen, nämlich hinter geschlossenen Hoftoren oder an den seitlichen Eingängen der Häuser, sind diese Schuhabstreifer öfter erhalten: einfach, weil diese Eingänge näher an den Stallungen

Elke Baade probiert den Schuhabstreifer aus.

lagen als der Haupteingang. Und von den Stallungen haben die Bauern eben den Mist an den Schuhsohlen mitgebracht. Elke Baade hat die Schuhkratzer oft genutzt: „Ich erinnere mich jedenfalls noch gut, dass wir als Kinder, wenn wir vom Spielen auf den Feldwegen und am Bach heimkamen, den Dreck an so einem Eisen abgestreift haben."

In dem Haus Wandersmannstraße 7, wo Elke Baade am rechten Eingang das unauffällige Relikt entdeckt hat, befand sich in ihrer Kindheit und Jugend der Friseursalon der Familie Jennemann. Noch heute führt dort am linken Eingang ein Treppenaufgang hinauf. Erbaut wurde das Haus 1894, nachdem ein kleines Gebäude, das vorher an dieser Stelle stand, abgerissen worden war.

Aber zurück zum Schuhabstreifer: Auch wenn die an die Hauswand eingemauerten Eisenschienen mehr und mehr aus den Ortsbildern verschwinden, kommen sie doch in anderer Optik zurück: Die gleiche Funktion erfüllen niedliche kleine Metalldackel, deren langer Rücken von einer solchen Metallschiene gebildet wird, wie sie früher in Fußhöhe an den Häusern hingen. Die Dackel verschönern Hauseingänge und nötigen den Besuchern unwillkürlich ein Lächeln ab. Ob sie allerdings wirklich ihre Funktion erfüllen, sei dahingestellt – denn wer mag schon auf einem Dackelrücken seine Schuhe säubern? Aber egal: Auf diese Weise hat sich ein Relikt aus einer bäuerlichen Vergangenheit in die Gegenwart gerettet.

„In meiner Kindheit war Erbenheim noch ein richtiges Bauerndorf."

Eva Wodarz-Eichner

So geht's zum Schuhabstreifer:

Er befindet sich in der Erbenheimer Wandersmannstraße 7, am rechten Eingang unten.

Dr. Joachim Ackva zeigt auf die Schuluhr, die um 5 vor 12 stehen geblieben ist.

Schuluhr

Kinderlachen unter dem Mahnmal

An der Oranienschule ist es immer 5 vor 12: Zumindest die eine der beiden Schuluhren am Giebel des denkmalgeschützten Hauptgebäudes zeigt seit Jahrzehnten diese Uhrzeit an, über die man schmunzeln könnte. 5 vor 12 für die Schüler, die mal wieder keine Vokabeln gepaukt haben? Wenn es nur so wäre – die Geschichte der Uhr ist eine andere: Es war in der Nacht vom 2. auf den 3. Februar 1945, als die britische Luftwaffe die Stadt Wiesbaden bombardierte. Am Schlimmsten traf es das Kurviertel, wo beispielsweise vom legendären Hotel „Vier Jahreszeiten" nur Trümmer übrig blieben (siehe Geheimnis 50). Aber auch an anderen Enden der Stadt hat es gebebt, nicht zuletzt rund um die Oranienschule. In jener Bombennacht ist die Uhr stehengeblieben – fünf Minuten vor Mitternacht. Die Symbolik, die dieser Uhrzeit innewohnt, hat dazu geführt, dass das Uhrwerk niemals repariert wurde. Generationen von Schülern haben unter diesem fast verborgenen Mahnmal gegen den Krieg gelernt, gespielt und gelacht – und irgendwann war es dann völlig normal, dass jeder, der die aktuelle Uhrzeit wissen wollte, auf die Uhr am anderen Gebäudeteil schauen muss.

„Ob die Uhr tatsächlich während des Bombardements stehen geblieben ist, lässt sich heute nicht mehr zuverlässig sagen. Aber selbst wenn es keine historisch präzise Geschichte wäre, so bleibt es eine symbolträchtige und denkwürdige Überlieferung", meint Dr. Joachim Ackva, seit 2011 Schulleiter an dem Gymnasium an der Oranienstraße.

Fest steht jedenfalls, dass die Oranienschule 1857 eröffnet wurde – als „Höhere Bürgerschule" für Knaben vom 10. bis 16. Lebensjahr. Anfangs war sie im Schulhaus am Markt untergebracht, aber schon bald wurde ein Neubau geplant. Die Entwürfe dafür schuf der Wiesbadener Stadtbaumeister Alexander Fach (1815-1883). Sie wurden in den Jahren 1866 bis 1868 umgesetzt – es entstand eine großzügige Anlage an der Oranienstraße, die im Mai 1869 eingeweiht werden konnte.

Die Uhr der Oranienschule wurde aus Pietätsgründen bislang nicht repariert.

Schon in dieser Zeit wurde großer Wert auf den Sprachunterricht gelegt, insbesondere auf Englisch und Französisch, weil Wiesbaden damals internationale Kurstadt war und man annahm, dass die Schüler die Fremdsprachen in ihrem späteren Berufsalltag brauchen würden. Um die Wende vom 19. zum 20. Jahrhundert stieg die Schülerzahl stetig an. 1905 wurde eine neue Realschule gegründet, die heutige Leibnizschule. Für die Oranienschule war das von großer Bedeutung, weil jetzt die Einrichtung eines städtischen Realgymnasiums erwogen wurde. Und tatsächlich: 1905 wurde aus der damaligen Oberrealschule an der Oranienstraße ein „Reformrealgymnasium". Die Oranienschule ist damit das drittälteste Gymnasium Wiesbadens nach der Diltheyschule und der Gutenbergschule.

„Dunkle Zeiten für die Schule brachen während des Ersten Weltkriegs an: Etliche Lehrer wurden einberufen, und ein normaler Unterricht war kaum noch möglich. Die Namen der Schüler und Lehrer, die während des Kriegs ums Leben kamen, sind noch heute auf einer Gedenktafel im Schulgebäude zu lesen", sagt Joachim Ackva.

Es gibt noch eine andere Gedenktafel, viel kleiner und schlichter als die erste. Nur der Name *Hermann Kaiser* steht darauf, und die Lebensdaten 1885-1945. Sie gilt einem Lehrer, der für seine Überzeugung sein Leben geopfert hat: Hermann Kaiser war selbst als Schüler auf der Oranienschule, studierte anschließend Mathematik und Physik, Geschichte und Kunstgeschichte und kehrte 1912 als Lehrer zurück an seine alte Schule.

Im Ersten Weltkrieg diente Kaiser als Offiziersanwärter beim traditionsreichen 1. Nassauischen Feldartillerie-Regiment Nr. 27 Oranien an der West- und der Ostfront. Er überlebte den Krieg und nahm den Schuldienst wieder auf. Obwohl er gläubiger Christ war, wurde er Anhänger des Nationalsozialismus und trat in die Partei ein – schon bald kühlte seine Begeisterung wieder ab, wich zunächst innerlicher Distanzierung und später aktivem Widerstand. In der Oranienschule wird erzählt, dass Kaiser stets mit einem „Heil Blücher" grüßte und den Namen des „Führers" nicht in den Mund nahm. Zu seinem Glück kam niemandem in den Sinn, ihn zu denunzieren – bei den Schülern war der charismatische Lehrer überaus beliebt, einer bezeichnete ihn später als „deutschen Idealisten", als „Meister" und einen Menschen, „den seine Schüler bis an ihr eigenes Ende nicht vergessen werden."

„Ob die Uhr tatsächlich während des Bombardements stehen geblieben ist, lässt sich heute nicht mehr zuverlässig sagen. Aber selbst wenn es keine historisch präzise Geschichte wäre, so bleibt es eine symbolträchtige und denkwürdige Überlieferung."

Zu Beginn des Zweiten Weltkriegs wurde Hermann Kaiser als Reserveoffizier eingezogen und 1940 zum Oberkommando des Heeres nach Berlin abkommandiert, wo er als „Kriegstagebuchführer" tätig war. Bald lernte Kaiser den Wiesbadener Generaloberst Ludwig Beck (1880-1944) kennen, dessen Widerstandsbewegung er sich anschloss.

101

Beck gilt als die treibende Kraft hinter dem Attentat auf Adolf Hitler am 20. Juli 1944 und wurde neben dem ehemaligen Leipziger Oberbürgermeister Carl Friedrich Goerdeler (1884-1945) zur zentralen Figur des Widerstands. Auch Hermann Kaiser hielt enge Verbindung zu Goerdeler, der im Falle des gelungenen Staatsstreichs Regierungschef werden sollte. Kaiser selbst erklärte sich bereit, nach dem Umsturz das Amt eines Staatssekretärs im Kultusministerium zu übernehmen.

„Das Attentat vom 20. Juli scheiterte. Hermann Kaiser wurde verhaftet und vor dem Volksgerichtshof angeklagt. Den Schauprozess und das im Grunde bereits vorher feststehende Todesurteil nahm Kaiser gefasst auf. Trost fand er bis zuletzt in seinem christlichen Glauben", sagt Joachim Ackva. Am 23. Januar 1945 wurde Hermann Kaiser zusammen mit anderen Widerstandskämpfern im Gefängnis Berlin-Plötzensee gehenkt.

In Wiesbaden erinnert heute auch eine Plakette am Sockel des Oranier-Denkmals auf dem Luisenplatz an den Widerstandskämpfer. Und die schlichte Tafel im Hauptgebäude der Oranienschule.

Eine Gedenktafel erinnert vor dem Hauptgebäude der Oranienschule an Hermann Kaiser.

Nur wenige Tage nach dem Tod Hermann Kaisers, in der Nacht vom 2. auf den 3. Februar 1945, fielen britische Bomben auf Wiesbaden. Dabei wurde die Turnhalle der Schule komplett zerstört und verschiedene Gebäudeteile stark beschädigt – wie eben auch die Schuluhr. „Die Wiesbadener haben sofort nach Kriegsende mit dem Wiederaufbau begonnen. Auch an der Oranienschule konnte schnell wieder unterrichtet werden", so Joachim Ackva. Zum Schuljahresbeginn 1976/77 wurden die ersten Mädchen aufgenommen. Heute ist die Schule ein Gymnasium mit dem Schwerpunkt Musik und hierfür weit über Wiesbaden hinaus bekannt.

„Nur wenige dürften allerdings wissen, dass in der Oranienschule nach dem Ende des Zweiten Weltkriegs Geschichte geschrieben wurde", verrät Joachim Ackva ein weiteres Geheimnis der Schule: „Als erstes von allen nach dem Krieg neu eingeteilten deutschen Bundesländern erhielt Hessen eine Verfassung, und diese Verfassung wurde in der Oranienschule ausgearbeitet." Vor der Schule erinnert eine weitere Gedenktafel daran, dass in der Aula am 15. Juli 1946 zum ersten Mal 90 Abgeordnete des ersten frei gewählten hessischen Parlaments zusammenkamen, um eine Verfassung zu erarbeiten. Dieses Parlament trug den Namen „Verfassungsberatende Landesversammlung Groß-Hessens" und tagte bis zum 30. November 1946. Schon am nächsten Tag, dem 1. Dezember 1946, wurde diese Verfassung in einer Volksabstimmung akzeptiert. Ein wichtiger Grundstein der Demokratie in Hessen war damit gelegt, ein erster Schritt auf dem Weg zur deutschen Selbstständigkeit nach dem Zweiten Weltkrieg getan.

„Die Wiesbadener haben sofort nach Kriegsende mit dem Wiederaufbau begonnen. Auch an der Oranienschule konnte schnell wieder unterrichtet werden."

Die Schuluhr aber bleibt ein Mahnmal gegen den Krieg. Dass unter ihr Tag für Tag helles Kinderlachen erklingt, macht Hoffnung.

Eva Wodarz-Eichner

So geht's zur Schuluhr:

Die Oranienschule steht in der Oranienstraße 5-7. Die Uhr befindet sich in luftiger Höhe deutlich sichtbar am Giebel.

Straßenmarkierung
Wo einst der Dendelbach plätscherte

Kaum zu glauben, dass die Gegend in und um Wiesbaden einmal von Mühlen geprägt war, wie Walter Goertz erzählt. Der Architekt im Ruhestand mit dem Faible für Mühlen und allem, was damit zu tun hat, erforscht seit vielen Jahren das Thema, zu dem natürlich auch die Bäche und Wasserläufe von Wiesbaden gehören. Wie **der Rambach, der sich im Sommer 2014 zum reißenden Strom entwickelte und große Schäden im Kurhaus und seiner Tiefgarage anrichtete.** Das würde man dem beschaulichen Bächlein, das friedlich seiner Wege zieht, normalerweise überhaupt nicht zutrauen – auch wenn nach ihm schon ein ganzer Stadtteil von Wiesbaden benannt ist. Oder der Lindenbach, der sich durchs romantische Schiersteiner Lindenviertel zieht, bevor er in den Hafen mündet. Oder eben auch der Dendelbach. Wer jetzt nicht gleich weiß, wo der Dendelbach zu finden ist und ob man entlang seines Wasserlaufs spazieren gehen kann, darf aufatmen: **Der Dendelbach ist mittlerweile stillgelegt.** Damit er aber nicht ganz in Vergessenheit gerät, sind in den Straßenoberflächen in der **Langgasse** sowie in der **Alfons-Paquet-Straße Metallstreifen in den Bodenbelag integriert worden, die den Lauf des Baches** wenigstens ein Stück weit anzeigen. Auch wenn die meisten Passanten achtlos an den Markierungen vorbeihasten – wer mit offenen Augen durch die Straßen geht, stößt hier auf ein Stück vergangenes Wiesbaden.

„Ein anderer Name für den **oberen Teil** des Dendelbachs ist **Kesselbach**", sagt Walter Goertz. Beide Bezeichnungen sind in alten Kartenwerken zu finden. **Der Bach entspringt südlich des Herzogswegs, der die Platte mit der Eisernen Hand verbindet.** „Er wird von mehreren Nebenbächen gespeist, fließt an der Fischzucht vorbei und hatte früher westlich der heutigen Weißenburgstraße einen Abzweig zum Wellritzbach." Der Dendelbach **floss unterhalb der heutigen Emser Straße** weiter, **überquerte die Schwalbacher Straße**, durchfloss das damalige

Walter Goertz zeigt auf die Metallmarkierung im Straßenbelag, die auf den Dendelbach hinweist.

105

Stumpfe Tor (Stadttor nach dem Taunus) in einem aufgesetzten Holzkanal, trieb die Pfaffenmühle am Michelsberg an und erreichte parallel der Straße die Langgasse. „Der Übergang des Baches an der Langgasse und in der Alfons-Paquet-Straße vor der Gaststätte Schweijk ist heute in der Straßenoberfläche markiert", sagt Walter Goertz und weist auf die Markierung. Parallel der heutigen Wagemannstraße lief der Bach zur Gold- und Herrnmühlgasse weiter, bevor jeweils eine Ableitung des Schwarzbaches aus dem Nerotal und des Rambaches in den Dendelbach mündete. Er selbst floss, nachdem er noch die Pletzmühle angetrieben hatte, südlich der Frankfurter Straße etwa auf der Höhe der Friedrichstraße in den Salzbach. Selbiger verläuft heute teils unterirdisch und mündet in den Rhein.

Übrigens: Keine zwei Schritte neben der Dendelbach-Straßenmarkierung kreuzt die Wagemannstraße die Alfons-Paquet-Straße. Walter Goertz mag diese Straße ganz besonders gern: „Sie ist nach meinem Urgoßvater Jean Baptiste Wagemann benannt", sagt er nicht ohne Stolz. Wagemann (1829-1922) kam von Bingen nach Wiesbaden, nachdem sein Vater die Kimpelmühle in der heutigen Wagemannstraße gekauft hatte – an diese Mühle erinnert heute gar nichts mehr; sie stand an dem kleinen Platz an der Ecke zur Kleinen Langgasse. Jean Baptiste Wagemann übernahm die Mühle und gliederte eine Bäckerei an, die in kurzer Zeit zur „Brodfabrik" expandierte. Nach dem „Wiesbadener Brotkrawall" von 1873, der sich gegen die angeblich gestiegenen Brotpreise richtete und über den sogar der *Figaro* in Paris berichtete, verkaufte Wagemann sein Unternehmen und wandte sich ehrenamt-

Der Lauf des Dendelbachs ist (zumindest in Teilen) im Wiesbadener Straßenpflaster markiert.

lich der Politik zu. Er machte sich vor allem um die Sozialpolitik verdient und wurde 1899 mit dem Titel „Stadtältester" ausgezeichnet. 1913 benannte man ihm zu Ehren die frühere Metzgergasse in Wagemannstraße um.

Der nassauische Barde Philipp Keim (siehe Geheimnis 37) widmete dem Krawall – und Wagemann – sogar ein eigenes Lied: „Wiesbaden war ja auch entzündt'/von dieser Krankheit schon./Zur Metzgergass', beim Wagemann,/da kamen Streiter an./Die Polizei, die kam heran,/so schnell als wie der Wind. Da schlug man gleich Adernun,/die Krankheit war gestillt."

„Ein anderer Name für den Dendelbach ist Kesselbach."

„Was Adernun eigentlich heißt, habe ich bis heute nicht herausbekommen", schmunzelt Walter Goertz. Ist ja auch nicht so wichtig. Viel bedeutsamer ist die Tatsache, dass der Urgroßvater sogar im Lied auftaucht. Und heute vor allem durch die nach ihm benannte Straße bekannt ist – die Straße, die in unmittelbarer Nähe der Dendelbach-Markierung verläuft.

Eva Wodarz-Eichner

So geht's zur Straßenmarkierung:

Sie befindet sich in der Alfons-Paquet-Straße vor dem Gasthaus Schweijk.

28

Kreuz
Wie Josef an den Giebel kam

Hoch oben auf dem Giebel des mehrstöckigen Baukomplexes kann man es erkennen: Stolz und golden leuchtet ein großes Kreuz vor dem knallblauen Himmel. Doch was hat es dort, auf diesem zwar prachtvollen, aber ganz offensichtlich profanen Gebäude zu suchen? Ein Blick auf die zahlreichen Klingelschilder bestätigt nur, dass es sich um ein **Wohnhaus mit rund 40 Parteien** handelt. „Schauen Sie mal, wer sich unter dem Kreuz befindet", sagt Kathrin Schwedler und zeigt nach oben. „**Josef und das Jesuskind in einem neogotischen Schmuckerker.**" Die Journalistin weiß: Dieses Gebäude ist zwar profan, aber **in ihm verbirgt sich ein sakraler Ort – eine Kapelle –** die mit der Entstehung des Hauses zu tun hat, ebenso wie das Kreuz und die Heiligenfigur am Giebel. Bis zum **Zweiten Weltkrieg** gab es **sogar noch ein spitzes Türmchen als Dachzier.**

„In alten Unterlagen aus dem Jahr 1876 ist diese Stelle, an der das Haus heute steht, noch als Baugrund bezeichnet", erzählt Kathrin Schwedler weiter. Ein **geeigneter Ort für die Barmherzigen Brüder von Montabaur**, sich hier, in der nassauischen Residenzstadt, niederzulassen. Denn der 1856 durch Peter Lötschert (1820-1886) – genannt Bruder Ignatius – gegründete Orden, der sich der Pflege der Kranken und Gebrechlichen verschrieben hatte, war dabei, immer mehr Dependancen jenseits des Stammhauses im Westerwald zu gründen. „Die rund 32 Pflegeanstalten reichten von den Niederlanden bis nach Amerika", schildert Kathrin Schwedler. So kamen die Barmherzigen Brüder auch nach Wiesbaden und begannen, ein Haus zu bauen. Als Hinweis auf ihre sakrale Tätigkeit krönten sie den Giebel mit einem Kreuz. „Und weil der **Schutzpatron der Barmherzigen Brüder von Montabaur der heilige Josef ist, bekam er seinen Platz am Giebel**", erklärt sie die prachtvolle Heiligenfigur. Im Inneren des Hauses errichteten die Barmherzigen Brüder eine **heute noch erhaltene Kapelle mit zwei Altären**: einen

Wie kommt der heilige Josef an den Giebel dieses Hauses?

für Josef und einen für Maria. Das dank großzügiger Spenden aus der katholischen Bürgerschaft repräsentative Gebäude im gotisch-barockem Stil am Schulberg 7 war 1877 fertiggestellt, die Barmherzigen Brüder konnten einziehen. „Sie haben hier ein Hospital für Rheuma- und Lungenkranke eingerichtet. Die etwa 50 Patienten und verrenteten Ordensbrüder konnten im Garten Luftbäder nehmen", sagt die Stadtteilhistorikerin. Im städtischen Hospital unterzogen sich die Gäste einer Badekur, ab 1904 ging das sogar direkt auf der gegenüberliegenden Straßenseite im Kaiser-Friedrich-Bad. „Auch eine mobile Hauspflege boten die Brüder an", sagt Schwedler. „Wer dem Orden beitreten wollte, musste eine medizinische Grundausbildung absolvieren."

Das Hospital fand großen Zuspruch: „1923 erwarben die Barmherzigen Brüder das Nachbarhaus und verschmolzen beide zu einem großen Komplex", erzählt Kathrin Schwedler. Schon im Ersten Weltkrieg war in dem Gebäude auch ein Lazarett beheimatet gewesen. „Hier versorgten die älteren Brüder die Versehrten, während die jüngeren als medizinische Helfer an die Front geschickt wurden", erläutert Schwedler. „Sie taten das immer unentgeltlich und im Zeichen der Nächstenliebe." Kathrin Schwedler kennt das Gebäude seit 2010. Als Leiterin des Kulturvereins „Brentanos Erben" verwaltet sie den Kapellenraum für einen Zusammenschluss von freien Kulturmachern. „Ich hatte vorher keine Ahnung, was sich hier, keine zwei Gehminuten von der Fußgängerzone entfernt, für ein historisches Kleinjuwel befindet. Und nicht mal die, die hier im Haus wohnen, kennen die Kapelle", sagt sie. „Es ist im wahrsten Sinne des Wortes ein Geheimnis." Von dem nur ein goldenes Kreuz auf dem Dach kündet. Und der heilige Josef am Giebel.

Eva-Maria Bast

So geht's zum Kreuz:

Es prangt auf dem Dach des Hauses Schulberg 7-9.

Hinter der Fassade der Hochschul- und Landesbibliothek Rhein-Main verbirgt sich Hightech des frühen 20. Jahrhunderts.

29

Fassade
Stahlgigant hinter Sandstein

Die Verpackung macht's. Das gilt für Geschenke gleichermaßen wie für Gebäude. Bestes Beispiel in Wiesbaden: die Hochschul- und Landesbibliothek Rhein-Main in der Rheinstraße. Äußerlich betrachtet ist sie ein massiver Sandsteinbau mit klassischer Formensprache. Doch der erste Eindruck täuscht gewaltig: Hinter der gediegenen Fassade von 1913 mit ihren detailreichen Steinmetzarbeiten verbirgt sich Hightech des frühen 20. Jahrhunderts – nämlich ein modernes Hochregallager aus Stahl, damals eines der ersten seiner Art und wegweisend für den Bibliotheksbau. Es trägt sich selbst – und natürlich die vielen Bücher, die es aufnimmt. „Die Fassade ist nur vorgeblendet – und nimmt damit die moderne Kaufhaus-Architektur vorweg", erzählt Dr. Martin Mayer.

Der Historiker ist zuständig für die Historischen Sammlungen sowie für regionalbibliothekarische Aufgaben und kennt die Geschichte des Hauses bis in die kleinsten Details.

Sieben Stockwerke hoch ragt das verborgene Stahlgerüst in den Himmel über Wiesbaden. Errichtet hat es eine renommierte Straßburger Firma, während sonst regionale Firmen bei den Arbeiten an dem Bau herangezogen wurden. Das Prestigegebäude galt als Gesamtkunstwerk, so wurden auch die Möbel vom Architekten entworfen, der Lesesaal mit Schnitzereien und dunkel getäfelten Wänden ausgestattet, ebenso mit grünbezogenen Lesetischen, einer hölzernen Treppe, die zu den Buchbeständen führt und einer geschnitzten Galerie. Die Fassade ziert am Portal eine Gutenberg-Plastik.

Von der Straße aus fallen die vielen, mit lichtdämpfenden Vorhängen verhängten Fensterreihen auf, die deutlich zeigen, wo sich im Inneren die einzelnen begehbaren Ebenen des Zweckbaus befinden. „Die Fenster wurden verhängt, damit das Tageslicht den wertvollen Büchern nicht schadet", sagt Martin Mayer.

Dr. Martin Mayer weist auf die Sandstein-Fassade der Hochschul- und Landesbibliothek Rhein-Main, hinter der sich das riesige Stahlgerüst des Magazins befindet.

Die Büchersammlung gibt es natürlich schon viel länger als das heutige Gebäude. Seit 1744 existierte eine Regierungsbibliothek im ehemaligen Alten Schloss in Wiesbaden, doch als eigentliches Gründungsjahr gilt 1813: Damals wurde sie unter dem Titel „Herzoglich Nassauische Öffentliche Bibliothek" dem interessierten Publikum zugänglich gemacht und erhielt zugleich das Pflichtexemplarrecht. Heute weist sie daher einen bedeutenden

Bestand an Regionalia auf – bis hin zu Sammlungen lokaler Tageszeitungen aus den Nassauer Gebieten. Auch die stehen in dem gigantischen Hochregallager. „Etwas ganz Besonderes sind auch die einzelnen Metallregale selbst", erläutert Mayer. „Denn sie besitzen individuell verstellbare Böden, um wirklich jeden Zentimeter auszunutzen. Heute ist das Standard, aber damals war das revolutionär und hat international viel Furore gemacht."

Nach einem durchaus langen Intermezzo (von 1821 bis 1913) im Erbprinzenpalais – der heutigen IHK – bezog die Bibliothek zu ihrem 100. Geburtstag das technisch hochmoderne Gebäude in der Rheinstraße, in dem sie heute noch ihren Sitz hat. 2011 wurde sie in die Hochschule RheinMain integriert. Sie versorgt nicht nur die Studenten mit Grundlagenliteratur, sondern fungiert auch als wissenschaftliche Universalbibliothek, die von interessierten Nutzern bis weit über Wiesbaden hinaus rege besucht wird.

Von der Qualität des Gebäudes an der Rheinstraße ist Martin Mayer noch heute begeistert. „Im Zweiten Weltkrieg hatte die Bibliothek aufgrund des starren NS-Kurses zwar weniger Nutzer als vorher, aber dennoch kamen viele Besucher: Das massive Zwischengeschoss galt als bombensicher." Klar, es muss ja auch die sieben darüber liegenden Hochregalgeschosse mit ihrer tonnenschweren Bücherlast schultern. Und das tut es bis heute.

Eva Wodarz-Eichner

So geht's zur Fassade:

Die Hochschul- und Landesbibliothek Rhein-Main befindet sich in der Rheinstraße 55-57 in unmittelbarer Nähe der Fußgängerzone.

Auf Du und Du mit dem Dichter: Krimiautor Dr. Karsten Eichner an der Dostojewski-Büste.

30

Dichterbüste

Pech im Spiel, Glück in der Literatur

Schuld ist das Roulette. Düster blickt die Bronze-Büste in Richtung Spielbank. So, als ärgerte sich der hier dargestellte russische Schriftsteller Fjodor Dostojewski (1821-1881) auch mehr als 150 Jahre später noch über die 3.000 Goldrubel, die er einstmals hier verspielte. Und über die Schulden, die ihn anschließend unbarmherzig zum Schreiben zwangen. „Allzu gute Erinnerungen an seine Zeit in Wiesbaden dürfte er nicht gehabt haben – aber daraus ist Weltliteratur geworden", lacht Dr. Karsten Eichner. Der Journalist und Historiker beschäftigt sich seit vielen Jahren mit der Geschichte Wiesbadens, hat Dostojewskis Leben und seinen Aufenthalt von 1865 in der Kurstadt in dem Biografien-Buch *Die großen Wiesbadener* beschrieben. Darin natürlich auch die Entstehung des Romans *Der Spieler*, der starke autobiografische Züge trägt und Dostojewskis Roulette-Erlebnisse in Wiesbaden, Bad Homburg und Baden-Baden verarbeitet.

Und so streiten sich auch bis heute gleich drei deutsche Kurstädte um die Ehre, vom russischen Romanautor als „Roulettenburg" literarisch verewigt worden zu sein. Wiesbaden jedenfalls hat sichtbar Fakten geschaffen: Seit 1996 steht die Bronzebüste Dostojewskis auf ihrem Steinsockel auf dem üppig begrünten „Nizza-Plätzchen" rechts neben dem Kurhaus. Geschaffen und gestiftet von dem russischen Maler und Bildhauer Gabriel Glikman (1913-2003), der sie zum Gedenken an Dostojewskis Wiesbadener Aufenthalt der Spielbank zu ihrem 225-jährigen Jubiläum schenkte. Denn gespielt wird in Wiesbaden schon lange – offiziell seit 1771, als ein fürstliches Privileg das Roulette erlaubte. Zunächst in Wirtshäusern, bis Anfang des 19. Jahrhunderts das erste, von Stadtbaumeister Christian Zais (1770-1820) errichtete, klassizistische Kurhaus der Spielbank einen repräsentativen Rahmen gab. Gewonnen und verloren wird im Kurhaus auch heute noch – oder besser gesagt wieder: „Die prüden Preußen verboten nach 1871 reichsweit das Glücksspiel, und erst nach dem Zweiten Weltkrieg durften auch in Wiesbaden wieder die Kugeln rollen", sagt Karsten Eichner. Den Original-Kessel aus feinstem Edelholz, an dem Dostojewski seine Rubel aufs Spiel setzte, gibt es übrigens heute noch. Er steht im Eingangsbereich des Casinos, das seinen stilvollen Platz im Nordflügel des Kurhauses gefunden hat.

Nur ist das Kurhaus nicht mehr der originale Bau, in dem Dostojewski seine Reisekasse durchbrachte. Nach fast hundert Jahren war es für den wachsenden Kurbetrieb zu klein geworden. So entstand bis 1907 an gleicher Stelle das heutige, deutlich größere Gebäude als elegantes Aushängeschild für die damalige „Weltkurstadt". Die Formensprache des Vorgängerbaus mit seinem an einen griechischen Tempel erinnernden Säulenportikus nahm Architekt Friedrich von Thiersch (1852-1921) dabei geschickt auf, und mehr noch: Er integrierte auch den klassizistischen „alten" Kursaal, der Wiesbadenern und Gästen gleichermaßen ans Herz gewachsen war, als Rekonstruktion in das neue Gebäude – den heutigen Zais-Saal. Und er ließ zwei Säulen des alten Kurhaus-Portikus am Rande des Kurparks aufstellen. „Heute erinnern sie einen unkundigen Betrachter vermutlich eher an eine römische Ruine. Sie stehen, wohl kein Zufall, in Sichtweite der Dostojewski-Büste", meint Karsten Eichner schmunzelnd.

Der Wiesbadener Autor hat Dostojewskis Spielerkarriere auch in einem Kurzkrimi verewigt, der in dem Buch *Wiesbaden im Sommer* erschienen ist. Denn Eichner – persönlich dem Glücksspiel völlig abhold – ist Mitglied von „Dostojewskis Erben": Die Autorenvereinigung, die sich mit leichtem Augenzwinkern nach dem weltberühmten Kollegen benannt hat, trifft sich regelmäßig im Literaturhaus „Villa Clementine", veranstaltet Lesungen und gibt gemeinsam Bücher heraus. So auch einen Sammelband, in dem Dostojewski-Zitate aus *Der Spieler* zum Aufhänger für Krimi-Kurzgeschichten werden.

Einem Krimi gleicht auch die Entstehung des Romans. Nachdem Dostojewski in Wiesbaden exzessiv gespielt hatte, war er praktisch mittellos. Sein Verleger war zwar zu einem neuen Vorschuss bereit – aber nur unter der Bedingung, dass Dostojewski innerhalb kürzester Frist ein neues Buch abliefern würde. So diktierte der Dichter innerhalb von nur vier Wochen seiner Stenografin (und späteren zweiten Ehefrau) Anna Snitkina (1846-1918) den Kurzroman *Der Spieler*. In den Hauptrollen: ein bankrotter Ex-General, eine französische Lebedame, ein Comte, ein treuer Engländer und eine schwerreiche alte Erbtante – auf deren Ableben der General vergeblich spekuliert. Und eben der Ich-Erzähler, der authentisch über Dostojewskis eigene Roulette-Erfahrungen berichten kann.

Dostojewski blickt düster in Richtung Spielbank, wo er ein Vermögen verlor.

Dostojewski wurde 1821 in Moskau geboren. Sein Erstlingswerk *Arme Leute* machte ihn 1846 blitzartig bekannt, doch das schützte ihn nicht davor, 1849 wegen revolutionärer Kontakte verhaftet und zum Tode verurteilt zu werden. Das Urteil wurde später in Verbannung und Zwangsarbeit umgewandelt, und Dostojewski konnte weiter literarisch arbeiten. Mehrere Auslandsreisen nach Mitteleuropa brachten ihn in Kontakt mit dem Glücksspiel – bis hin zum schicksalhaften Aufenthalt 1865 in Wiesbaden. „In seinem Hotel wurde ihm die Teilnahme an der Table d'hote verweigert, als er die Rechnung nicht mehr bezahlen konnte", erzählt Eichner. Hungrig musste der Dichter darauf sinnen, wie er sich neue Geldmittel beschaffen könnte. Ein Ergebnis war *Der Spieler*, der 1867 erschien. Und Dostojewski schrieb weiter: Romane wie *Schuld und Sühne* (heute auch bekannt unter dem Titel *Verbrechen und Strafe*), *Der Idiot*, *Die Dämonen* und zuletzt *Die Brüder Karamasow*.

> *„Allzu gute Erinnerungen an seine Zeit in Wiesbaden dürfte er nicht gehabt haben – aber daraus ist Weltliteratur geworden."*

Der russische Romanautor starb 1881 in St. Petersburg, kaum 60 Jahre alt. Seine Bücher aber gelten bis heute als Weltliteratur. Und „Dostojewskis Erben" schreiben fleißig weiter, bereichern den „Wiesbadener Krimimärz" ebenso mit Veranstaltungen wie den Literaturkalender der Landeshauptstadt. Und Dostojewski selbst? Der blickt als Bronzebüste weiter düster in Richtung Spielbank, Tag für Tag.

Eva Wodarz-Eichner

So geht's zur Dichterbüste:

Die Büste steht auf einem Steinsockel auf dem „Nizza-Plätzchen", nur wenige Schritte rechts neben der kleinen Kurparkpforte.

Kultur- und Weinbotschafter Wolfgang Blum gönnt sich auf dem Weinberg ein Gläschen.

3| Weinberg

Ein Stück Rheingau mitten in der Stadt

Dass Wiesbaden heiße Quellen und eine römische Geschichte hat, ist bekannt. Dass die Stadt im Weinbaugebiet Rheingau liegt, auch; ebenso, dass alljährlich im August mit der Rheingauer Weinwoche das liebste Fest der Wiesbadener zehn weinfrohe Tag lang ausgiebig gefeiert wird. Aber dass nicht nur in Wiesbadens Vororten Schierstein, Kostheim, Frauenstein und Dotzheim guter Wein wächst, sondern auch fast mitten in der Stadt, ist durchaus für viele ein Geheimnis. „Die Stadt Wiesbaden hat ihren Weinberg auf dem Neroberg. Und der ist eine Top-Lage des Rheingaus", sagt Wolfgang Blum. Er muss es wissen, denn er hat als Journalist und Autor nicht nur viel über den Wein geschrieben, sondern vermittelt als Wein- und Kulturbotschafter auch Rheingauer Kulturgeschichte – und Lebensart. Und zu der gehört der Wein natürlich dazu oder besser: Sie wird vom Wein entscheidend geprägt.

So, wie der Neroberg Wiesbaden prägt. Er ist nicht nur der Hausberg, wo mit der Russischen Kapelle eines der weithin sichtbaren Wahrzeichen über der Stadt thront, sondern er zieht als Ausflugsziel dank Nerobergbahn, Opelbad und Kletterwald auch viele Wiesbadener an.

Seit dem 16. Jahrhundert wird hier Wein angebaut: Es war Graf Philipp von Nassau-Weilburg (1504-1559), der 1525 den Weinberg auf dem Neroberg anlegen ließ.

„Auf dem Neroberg herrschen sehr günstige klimatische Bedingungen für den Weinbau – die Reben sind rundherum geschützt und bekommen viel Sonne: Die Temperatur liegt während des ganzen Jahres immer rund ein Grad höher als in der Umgebung."

Heute schmiegen sich 4,1 Hektar Riesling-Reben an den 245 Meter hohen Sonnenhang und bringen in guten Jahren ganz besonders edle Weine hervor: „Auf dem Neroberg herrschen sehr günstige klimatische Bedingungen für den Weinbau – die Reben sind rundherum geschützt und bekommen viel Sonne: Die Temperatur liegt während des ganzen Jahres immer rund ein Grad höher als in der Umgebung", erklärt Wolfgang Blum. Auf dem steinigen Löß-Gneisboden wird ausschließlich Riesling gepflanzt, der zu frischen, fruchtigen Weinen mit pikanter Säure ausgebaut wird.

„Es ist eine kleine, aber feine Lage, die bei Versteigerungen immer gute Preise erzielt", freut sich der Weinkenner. So wechselte eine Flasche Neroberger Trockenbeerenauslese aus dem legendären Weinjahrgang 1893 im Jahr 1986 bei einer Auktion für stolze 35.000 D-Mark den Besitzer. „Das ist ein Geheimnis, das bestimmt niemand mit dem Neroberg verbindet", schmunzelt Wolfgang Blum.

Im Jahr 1900 kaufte die Stadt Wiesbaden den Neroberg und machte ein städtisches Weingut daraus. Seit 2005 haben die Hessischen Staatsweingüter Kloster Eberbach die Lage wieder zurückgepachtet; betreut wird der Weinberg von der Domäne Eltville-Rauenthal.

Aber es ist nicht nur der Wein, der den Neroberg so besonders macht: „Wenn man hier oben an der Mauer steht und auf Wiesbaden schaut, hat man einen der schönsten Ausblicke im ganzen Rheingau", ist der Kultur- und Weinbotschafter überzeugt. Schon Johann Wolfgang von Goethe (1749-1832) war von den Wiesbadener Aussichten entzückt. So notierte er bei einem seiner Aufenthalte in der Kurstadt: „Man bedarf in Wiesbaden nur einer Viertelstunde Steigens, um in alle Herrlichkeit der Welt zu blicken."

Aber wie kommt der Neroberg eigentlich zu seinem Namen? „Auch wenn man bei Wiesbadens römischer Vergangenheit auf die Idee kommen könnte, dass der Berg nach Kaiser Nero benannt wurde, muss ich diese Hoffnung jetzt enttäuschen", meint Wolfgang Blum: Es ist überliefert, dass der Hügel seit dem 13. Jahrhundert als „Ersberg" bezeichnet wurde, was nichts anderes als „hinterer Berg" heißt. Allmählich wurde aus „Ersberg" dann „Mersberg", was sich im Laufe der Zeit wiederum in „Neresberg" und später in „Neroberg" wandelte.

Eva Wodarz-Eichner

So geht's zum Weinberg:

Wer einen kleinen Ausflug machen will, erreicht den Weinberg am besten mit der Nerobergbahn. Die Adresse lautet schlicht: „Auf dem Neroberg".

Auch wenn dieser einsame Grabstein wie ein Gedenkstein wirkt: Kathrin Schwedler weiß, dass er das letzte Überbleibsel eines alten Wiesbadener Friedhofs ist.

Grabstein
Trauer zum Ärger der Kurgäste

Wenn Kathrin Schwedler auf dem Schulberg steht und zu der Häuserzeile jenseits der Coulinstraße hinüberblickt, sieht sie vor ihrem geistigen Auge erboste Hotelwirte, die mürrisch auf an ihrem Haus vorbeiziehende Leichenzüge starren und Kurgäste, die sich ob des von den Kirchenglocken ausgehenden Lärms die Ohren zuhalten. Und sie stellt sich vor, wie eben jene Kurgäste, die ja eigentlich in Wiesbaden weilen, um sich des Lebens zu erfreuen und sich vielleicht sogar zu verjüngen – dafür kurt man ja schließlich – trübsinnig auf einen Friedhof blicken müssen und damit sozusagen die **eigene Endlichkeit unerbittlich vor Augen geführt** bekommen. Denn südlich der römischen Heidenmauer befand sich ab 1573 ein Friedhof – und wegen Platzmangel wurde er bis ins Jahr 1821 den Schulberg hinauf erweitert. „Daran erinnert der einsame Grabstein, der noch hier steht", erklärt die Stadtteilhistorike-

121

rin. Ein Hinweis, dass es sich bei selbigem nicht nur um einen Gedenkstein, sondern um das Überbleibsel eines Friedhofs handelt, findet sich dort aber nicht.

Platzmangel war auch der Grund gewesen, warum der Friedhof an der Heidenmauer im Jahr 1573 überhaupt eingerichtet wurde. „Damals stand in der Innenstadt noch die Mauritiuskirche und wie damals üblich, erstreckte sich um das Gotteshaus ein Friedhof", sagt Kathrin Schwedler. Als der Platz auf dem dortigen Friedhof aufgrund von Seuchen und Bevölkerungswachstum eng wurde, musste eine Alternative außerhalb des Stadtzentrums her – was dem Zeitgeist entsprach: Nicht zuletzt wegen der Seuchengefahr wurden in zahlreichen Städten damals Friedhöfe eingerichtet, die etwas außerhalb lagen – vor allem für die ärmere Bevölkerung: „Für viel Geld konnte man sich auch noch auf dem Friedhof der Maurituskirche einkaufen", hat die Journalistin recherchiert. Damit war aber 1690 Schluss, als Fürst Georg August von Nassau (1665-1721) die Pforten des Gottesackers endgültig schloss. Im selben Jahr entstand zwar ein Armen- und Spitalfriedhof am Hospital am Kochbrunnen, da die Bevölkerung aber weiterhin sprunghaft anstieg, musste auch der Friedhof an der Heidenmauer in den Jahren 753, 1820 und 1821 den Schulberg hinauf erweitert werden. Was zur Folge hatte, dass die Kurgäste fortan auf Grabsteine blickten. Und auf Leichenzüge: „Denn die Trauergottesdienste fanden nach wie vor in der Mauritiuskirche statt und die Leichenzüge kamen demnach am Hotel

Dieser Grabstein erinnert an Ferdinand Freiherrn von Witzingerode.

vorbei", schildert Kathrin Schwedler. „Außerdem beklagten sich die Kurwirte über die Lautstärke der Kirchenglocken."

1832 konnten die Wirte dann aber marginal aufatmen: Zumindest mit den Leichenzügen war es nun vorbei. Denn jetzt waren auch die Kapazitäten des Friedhofs an der Heidenmauer voll ausgeschöpft und an der Plattner Chaussee wurde ein neuer Ort für die letzte Ruhe der Wiesbadener gefunden. Auf die Gräber am Schulberg mussten die Kurgäste aber noch eine Weile schauen: Im Jahr 1886 wurde der Friedhof zwar zu einem Park umgewandelt, doch die Gräber wurden erst dann – teilweise – entfernt, bis schließlich 1901 die Coulinstraße gebaut wurde.

> *„Außerdem beklagten sich die Kurwirte über die Lautstärke der Kirchenglocken."*

Sein heutiges Gesicht erhielt der Schulberg nach dem Zweiten Weltkrieg. Dabei verschwanden dann auch die restlichen Gräber. Nur eines blieb bestehen: Das von Ferdinand Freiherr von Wintzingerode (1770–1818), seines Zeichens Offizier und General der russischen Armee. „Und über ihn streiten sich heute die Historiker. Es geht darum, ob er nun ein Ritter war oder nicht", sagt Schwedler.

Was auch immer nun stimmt: Fakt ist, dass die Kurgäste nicht mehr von Leichenzügen gestört werden. Und den Kirchenglocken lauschen sie höchstens entzückt und zu ihrem Vergnügen. Dann nämlich, wenn das Carillon ertönt. Doch diese Geschichte haben wir schon auf Seite 89 erzählt.

Eva-Maria Bast

....
So geht's zum Grabstein:

Er steht unübersehbar auf dem Schulberg.

Wo früher Pferde trainiert wurden, finden heute Veranstaltungen statt.

33
Pferdekopf
London und die feine Gesellschaft

Die meisten Wiesbadener kennen ihn als **Veranstaltungsort.** Welche Geschichte aber hinter dem historischen Tattersall steckt, warum er heißt, wie er heißt und was es obendrein mit dem prachtvollen Pferdekopf auf sich hat, der stolz und schön aus der Fassade ragt, wissen die wenigsten derer, die hier Veranstaltungen besuchen oder im Arm ihres Partners ein Tänzchen wagen. Manch einer der Besucher grübelt aber bisweilen über den Namen und der eine oder andere Witz, ob sich hier wohl einst Tattergreise trafen und ob man sich bei „Sall" verschrieben habe und es nicht „Saal" heißen müsste, ist dann und wann zu hören. Doch weit gefehlt: Die Geschichte dieses Namens hat mit der **Londoner** *Morning Post* und einem **Wettbüro** zu tun. Außerdem, man mag es schon ahnen, mit Pferden. Und obendrein mit dem Mann, nach dem der Tattersall benannt ist:

Richard Tattersall (1724–1795), auch unter dem Namen „Old Tatt" bekannt, lebte in London und war ein ausgesprochen erfolgreicher und vor allem ideenreicher Geschäftsmann: Er trainierte Pferde, besaß ein Wettbüro und obendrein die Londoner Tageszeitung *Morning Post*. Seine Karriere begann damit, dass er im Jahr 1766 im Hyde Park Stallungen und Reitanlagen eröffnete. Schnell mauserte sich die Sportanlage zu einem Treffpunkt für die feinere Londoner Gesellschaft, die schließlich nicht so einfach im Schlamm herumstehen konnte – und wollte. Angemessene Räume mussten her, Tattersall zauderte nicht lang und baute sie. Nach und nach schwappte die Kunde davon, dass es in London eine Reitanstalt mit angegliederten Gesellschaftsräumen gab, in denen auch Pferde vermietet und Wetten abgeschlossen wurden, nach Deutschland, wo man diese Idee ganz hervorragend fand: In vielen Städten entstanden um die Wende vom 19. zum 20. Jahrhundert mehrere Tattersälle – so auch in Wiesbaden. Hier war es der Reitlehrer Ernst Weiß, der dem Architekten Albert Wolff den Auftrag erteilte, einen Tattersall zu errichten, in dem rund 80 Pferde Platz fanden. Damit kam ein Hauch London nach Wiesbaden und die Gesellschaft hatte einen weiteren Ort, an dem sie sich treffen konnte. Nicht, dass man diesbezüglich Mangel gehabt hätte. Wiesbaden war schließlich Weltkurstadt! Vielleicht schaut das Pferd an der Fassade auch deshalb so stolz drein.

Eva-Maria Bast

So geht's zum Pferdekopf:

Er hängt am Tattersall, Lehrstraße 13.

Halbrundes Haus
Vegetarier zu sein war gar nicht so einfach

Kartoffelbrei mit sterilisierten Heidelbeeren gefällig? Oder vielleicht lieber eine Hagebuttensuppe? Nein? Wie wäre es dann mit einem Gläschen frischer Maya-Yoghurt-Milch? Klingt alles seltsam? Stimmt. Wurde in ebenjenem Haus, vor dem Dr. Susanne Claußen steht, im ausgehenden 19. Jahrhundert aber gern und viel gegessen. „Hier befand sich das erste vegetarische Restaurant Wiesbadens", sagt sie und findet: „Das ist eine sehr spannende Geschichte – weil es nochmal einen anderen Blick auf unsere Stadt erlaubt. Wenn man an die Weltkurstadt Wiesbaden denkt, hat man immer die Pracht vor Augen, den neobarocken Pomp, den Wilhelminismus, alles glänzt, alles funkelt. Das war auch so, aber es gab eben noch viel mehr. Für jeden Geschmack etwas und dazu gehörte zum Beispiel auch die Lebensreform-Bewegung. Sie war damals Mode und wurde auch hier gelebt." Menschen, die der Lebensreform-Bewegung angehörten, strebten gewissermaßen nach dem Urzustand und lehnten Materialismus und Urbanisierung ab. „Sie wollten eigentlich das ganze Leben besser machen, den ganzen Menschen reformieren, mit allem was dazugehört. FKK, Ausdruckstanz, Vegetarismus, all das kommt aus dieser Zeit." Die Vegetarier dieser Bewegung seien der Ansicht gewesen, dass der Verzicht auf Fleisch nicht nur für den eigenen Körper gesund sei, sondern vor allem, dass eine Welt, in der es nur Vegetarier gibt, eine bessere wäre. „Man glaubte damals unter Vegetariern, dass Fleischverzehr aggressiv mache", erzählt die Leiterin der Fachstelle Bildung beim Evangelischen Dekanat.

Dabei habe es im 19. Jahrhundert sicherlich noch nicht allzu großen Spaß gemacht, Vegetarier zu sein. „Wir verfügen heute ja rund um die Uhr über frisches Obst und Gemüse aus der ganzen Welt, zudem gibt es verschiedene Käsespezialitäten. Damals hieß Vegetarismus aber einfach nur: Kein Fleisch in einer ansonsten eigentlich traditionellen Küche", unterstreicht die Religionswissenschaftlerin. Zu organisieren

Dr. Susanne Claußen hat die Geschichte dieses Hauses recherchiert.

wusste sich die Wiesbadener Vegetarier dennoch: „Zum Deutschland des 19. Jahrhunderts gehört das Vereinswesen unbedingt dazu, das Vereinsrecht prägte damals, vielleicht sogar mehr noch als heute, das gesellschaftliche Leben", erläutert Susanne Claußen. In Wiesbaden habe es deshalb einen vegetarischen Verein, das überregionale Verbandsblatt und sogar Einträge im Adressbuch für Vegetarier gegeben. „Dort waren alle Vegetarier verzeichnet." Allerdings wäre das Buch etwas dünn gewesen, wenn sich nur die Wiesbadener Vegetarier dort wiedergefunden hätten. „1894 gab es gerade mal vier vegetarische Familien in Wiesbaden", sagt Susanne Claußen. Viel wichtiger als die Namen der Vegetarier waren die Bezugsquellen, die hier aufgelistet waren. „So stand darin beispielsweise, wo man Vollkornbrot bekommen konnte, denn damals wollte noch jeder Weißbrot essen – außer diesen komischen Vegetariern eben", sagt die Religionswissenschaftlerin augenzwinkernd. Auch die Bezugsquellen für Fruchtsäfte wurden abgedruckt: „Was wir heute so selbstverständlich trinken, Saft zum Beispiel oder Kakao, war damals noch längst nicht üblich. Kakao war immer noch teuer und Saft konnte man nicht haltbar machen, die Herstellung von Fruchtsäften ging Ende des 19. Jahrhunderts gerade erst los", schildert die Wiesbadenerin.

Hier gingen im ausgehenden 19. Jahrhundert Wiesbadens Vegetarier ein und aus.

Auch die Orte, an denen Vegetarier essen gehen konnten, fanden sich in dem Adressbuch. Die Restaurants inserierten aber auch in den allgemeinen Zeitungen: „Wiesbaden. Vegetar. Kur-Restaurant I. Ranges nach Dr. Lahmann u. vornehm. Familien-Café mit eigener Konditorei. Inh. Carl Häuser, Taunusstr. 13 am Kochbrunnen, früh. Schillerpl. Fernsprecher 6491", ist zum Beispiel in einer Werbeanzeige zu lesen.

Frz. Winkler, ebenjener, vor dessen einstigem Restaurant Susanne Claußen die Geschichte erzählt, inserierte hingegen im *Wiesbadener Bade-Blatt* vom 01.09.1910: „Vegetar. Kur-Restaurant Inh. Frz. Winkler, Herrmühlgasse 9 an der grossen Burgstrasse. Wiener Küche. Täglich frische Maya-Yoghurt-Milch."

Wie viele Kurgäste den Weg zu ihm fanden, ist nicht überliefert. Susanne Claußen weiß aber: „Häufig hatten die Restaurantbetreiber unter mangelnder Kundschaft zu leiden. Ich habe irgendwo eine alte Mitteilung gefunden, in der steht, dass der vegetarische Mittagstisch von Fräulein Himpel mangels Interesse schließen musste." Aber die hatte vielleicht auch keine Maya-Yoghurt-Milch. Und schon gar nicht täglich frisch!

> *„Ich habe irgendwo eine alte Mitteilung gefunden, in der steht, dass der vegetarische Mittagstisch von Fräulein Himpel mangels Interesse schließen musste."*

Eva-Maria Bast

So geht's zum halbrunden Haus:

Das Gebäude, in dem das erste vegetarische Restaurant Wiesbadens untergebracht war, steht in der Herrnmühlgasse 9.

Jana Seidel vor ihrem Geschäft.

35

Handwerkerhaus
Hobel, Senkblei und Winkel

Handwerkerhaus steht in altertümlichen Lettern an der Fassade geschrieben. Darunter: Drei reliefartige Medaillons, im linken ein Sattel mit herabhängenden Steigbügeln und zwei gekreuzten Peitschen. In der Mitte: Vier Messer und ein Hammer. Und rechts: Ein Hobel, ein Senkblei und ein Winkel.

Im Schaufenster unter dem Relief sind jede Menge Messer ausgestellt, das Schild weist den Laden als Messerfachgeschäft G. Eberhardt aus. Drinnen erteilt Inhaberin Jana Seidel gern Auskunft über Schild und Medaillons. „Sie deuten darauf hin, dass hier, in diesem Haus, früher mehrere Handwerkerbetriebe untergebracht waren, nicht nur unsere Messerschmiede", sagt sie. „Wir sind das älteste noch bestehende Fachgeschäft Wiesbadens – es gibt uns seit 1858 – und durften einst sogar den Titel Hoflieferant führen." Eberhardt war Hoflieferant von Kaiser Wilhelm. Hier wurden die Rasiermesser des Kaisers hergestellt und verkauft. In trauter Nachbarschaft waren in dem Gebäude einst Handwerker verschiedener Gewerke zu finden – bequem für den Kunden, wenn er gleich mehrere Aufträge zu erledigen hatte und sowohl Sattler, als auch Schreiner, als auch Schmied brauchte!

> *„Beim Messer kommt es auf den Stahl an, er sollte beständig sein. So wie eben dieses Messerfachgeschäft."*

Da Eberhardts keine Kinder hatten, wurde das Geschäft immer weiter verkauft, bis es bei Jana Seidel landete. Sie führt die Tradition fort: Seit 150 Jahren werden hier Messer, Bestecke, Scheren, Bretter und Kochutensilien verkauft. Jana Seidel sagt: „Beim Messer kommt es auf den Stahl an, er sollte beständig sein. So wie eben dieses Messerfachgeschäft."

Eva-Maria Bast

So geht's zum Handwerkerhaus:

Es steht in der Faulbrunnenstraße 6.

Die Casino-Gesellschaft lädt seit über 200 Jahren zu unterschiedlichen gesellschaftlichen Anlässen in ihr prächtiges Gebäude ein.

36

Metallschild
Ein Casino ohne Spiel

1816: Wiesbaden hat **4600 Einwohner**, welche überwiegend **Handwerker und Bauern** sind. Es existieren nur wenige Straßen, eher sind es **schlammige Wege**, auf denen morgens das **Vieh auf die Weide** getrieben wird. Dennoch gibt es **25 Hotels und Gasthäuser**, die vor allem die **Kurgäste aufnehmen**, die in den berühmten heißen Quellen Wiesbadens **Heilung und Erholung suchen**. Johann Wolfgang von **Goe**the (1749-1832) war in den beiden Jahren zuvor in Wiesbaden zu **Gast**. Er schätzte den guten Wein, die heilsamen Bäder – und den nassauischen **Herzog Friedrich August**, mit dem er seinen **65. Geburtstag im Biebricher Schloss** feierte.

Dieser Herzog ist es, der dem Wiesbadener Bürgertum im Jahr 1816 gestattet, eine **Lesegesellschaft zu gründen**. Dabei stieß der erste Versuch zur Gründung einer auf **Freiheit und nationale Zusammenarbeit gerichteten** Gesellschaft beim Herzog auf **taube Ohren**: Er hatte nicht die Absicht, eine Gesellschaft, die politisch arbeitete, zu dulden. Deshalb konnte die Wiesbadener Casino-Gesellschaft nur als unpolitische Institution verstanden werden, die sich die Pflege der Kultur und der Geselligkeit auf die Fahnen geschrieben hat: Schon in ihren ersten Jahren wurden Bälle und Weinproben veranstaltet und ein Kegelkreis gegründet. Gespielt wurde in diesem Casino allerdings nie. „Die Casino-Gesellschaft hat rein gar nichts mit einem Spielcasino zu tun", schmunzelt Birgitt Fuhr und zeigt auf das schlichte Metallschild, das an der Hauswand auf die Gesellschaft hinweist. Häufig stehen Passanten davor und fragen sich, was es damit auf sich hat. Birgitt Fuhr ist nicht nur Mitglied, sondern hat auch viele Jahre lang die Veranstaltungen der Casino-Gesellschaft organisiert. Übrigens wurden erst ab 1995 auch Damen aufgenommen; Birgitt Fuhr war das erste weibliche Vorstandsmitglied. „Wir müssen den Leuten immer wieder erklären, dass das Wort ‚Casino' aus dem Italienischen stammt und verschiedene Bedeutungen hat." Zum Beispiel steht es für ein elegantes Landhäuschen, für ein Gesellschaftshaus zum Lesen oder auch für einen Speisesaal für Offiziere. „Das Spielcasino, das heute meist die erste Assoziation mit dem Wort ist, wird im Italienischen auf der letzten Silbe betont und schreibt sich Casinò", erklärt Birgitt Fuhr. „Der Begriff Casino für den Offiziersspeisesaal wurde irgendwann weiter gefasst und wird ja heute auch für eine Kantine benutzt."

Birgitt Fuhr zeigt auf das Schild, das neben dem Namenszug auf die Casino-Gesellschaft hinweist.

Doch zurück zur Casino-Gesellschaft, die per se kein Wiesbadener Phänomen ist: „In Siena wurde schon 1657 die erste Casino-Gesellschaft gegründet, der ‚Circolo degli Uniti'. Nach ihrem Vorbild entstanden die englischen Clubs und die Casino-Gesellschaften in Europa", sagt Birgitt Fuhr. Eine regelrechte Gründungswelle gab es zu Anfang des 19. Jahrhunderts, die Wiesbadener lagen also voll im Trend. Die Idee ist allen gemeinsam: Im Mittelpunkt stand – und steht auch heute – die Pflege der Kultur, der

Geschichte und der Geselligkeit. „Der Beginn des 20. Jahrhunderts hat allen bewusst gemacht, dass die Kultur die wichtigste Rolle dabei zu spielen hat: Denn die ‚cultura', die Pflege von Körper und Geist, prägt das menschliche Miteinander jeweils auf ihre Art", so Birgitt Fuhr. Heute gibt es rund 20 Casino-Gesellschaften in Deutschland.

Die Wiesbadener hat ihr Domizil in einem prächtigen Gebäude an der Friedrichstraße. Es wurde in den Jahren 1872 bis 1874 vom Architekten Wilhelm Bogler (1815-1906) errichtet und steht heute unter Denkmalschutz. Ein schlichtes Metallschild samt Namenszug und Wappen weist neben dem Eingang auf die Gesellschaft hin, die heute rund 300 Mitglieder hat. Diese treffen sich zu Literaturlesungen, Vorträgen oder festlichen Diners mehrmals im Jahr und laden zu Ausstellungen ein, bei denen besonders der lokale Bezug zu Wiesbaden im Vordergrund steht. Und auch zum großen Herbstball, bei dem der Herzog-Friedrich-August-Saal in voller Pracht erstrahlt: „Ich gehe jede Wette ein, dass er der schönste Ballsaal Wiesbadens ist – und weit über die Stadtgrenzen hinaus", sagt Birgitt Fuhr. Allegorien und Putten schmücken ihn ebenso wie Pilaster und Ornamente und machen aus ihm die perfekte Kulisse für Bälle und Konzerte. Dem nichtsahnenden Besucher verschlägt es die Sprache, wenn er das Gebäude betritt: Der Treppenaufgang mit goldenem Stuck und dem antikisierenden großen Wandbild könnte sich durchaus in einem Schloss befinden. Durch das Foyer mit seinem großen Kristalllüster kommt man in den prächtigen Ballsaal; zudem gibt es noch weitere Räume wie den Spiegelsaal, das Clubzimmer, das Speisezimmer und die Club Lounge, in der sich die Mitglieder der Casino-Gesellschaft selbst gern auf einen Drink treffen.

Eva Wodarz-Eichner

So geht's zum Metallschild:

Das prächtige Gebäude der Casino-Gesellschaft steht in der Friedrichstraße 22. Das Metallschild hängt neben dem Eingang.

Gabriele Glessmann bei der Rambacher Hochwassermarke.

Hochwassermarke
So hoch kann der Rambach steigen

25. Juni 1867: „Zwölf Uhr schlug's. Da umzog sich urplötzlich der Himmel. Ein stürmischer Nordwest trieb die schwarzen Wolkenmassen herein, dunkler wurde es und dunkler, und zugleich begann der Regen in Strömen niederzurauschen. Nicht weniger als vier Gewitter hatten sich in dem Thalkessel, in dem unsere alte Bäderstadt friedlich ruht, wie der Volksmund sagt, ‚gestoßen'. Von allen Seiten stürzten die Ströme auf die Stadt herein, von Sonnenberg, durchs Dambach-, Nero- und Wellritztal. Ebenso war das ganze Nerothal zu einem See geworden, der nach der Taunusstraße und Nerostraße zum Kochbrunnen und zur Innenstadt ablief."

So schrieb Christian Spielmann (1861-1917), Direktor des Stadtarchivs Wiesbaden, 1897 im *Wiesbadener Tagblatt* über das schreckliche Unwetter, das damals in Rambach für große Schäden sorgte. Am Haus in der Adolf-Schneider-Straße 3 ist noch heute die Hochwassermarke vom 25. Juni 1867 zu sehen.

„Es gibt einige Tagebuchaufzeichnungen und Überlieferungen, was damals passiert ist", weiß Heimathistorikerin Gabriele Glessmann: „So sollen Goldfische bis ins Salzbachtal geschwommen sein, und Schwäne auf der Mainzer Straße. Manche Leute haben sich auf der Wilhelmstraße auf Karpfenjagd gemacht und beherzte Männer trugen ihre Damen auf den Schultern in Sicherheit."

In Rambach verloren einige Einwohner fast ihr ganzes Hab und Gut. „Hilfeaufrufe für Bedürftige erschienen im *Rheinischen Kurier* am 3. Juli, 11. Juli und 13. Juli 1867 jeweils in der Mittagsausgabe", hat Gabriele Glessmann recherchiert.

Die Markierung am Haus Adolf-Schneider-Straße 3 ist die letzte, die an das verheerende Hochwasser von 1867 erinnert.

Auch wenn das Unwetter von 1867 die größte Wetterkatastrophe war, die bis dahin über Wiesbaden niedergegangen ist, hat ein anderes Unwetter fast die Erinnerung an damals verdrängt: Wenn in Rambach heute von „der großen Flut" gesprochen wird, ist der 11. Juli 2014 gemeint. Ein Freitag war es, und fast jeder im Ort war in bester Laune, denn am Nachmittag sollte die 750-Jahr-Feier Rambachs offiziell beginnen. Es war kurz vor 15 Uhr, als ein Gewitter losbrach und mit ihm ein Starkregen, wie ihn wohl keiner in Wiesbaden je erlebt hatte: Den sonst friedlich dahinplätschernden Rambach verwandelte er in einen reißenden Strom, der alles mit sich riss. Binnen Minuten war der ganze Ort überschwemmt, wurden die Tische und Bänke auf dem Festgelände weggespült. Die Spur der Verwüstung zog sich über Sonnenberg bis ins Wiesbadener Kurhaus, wo die Tiefgarage unter Wasser stand und Autos wegschwammen, als seien sie Badeenten.

Umso wichtiger ist es, dass die alte Hochwassermarke die Erinnerung an die erste Rambacher Flut wach hält: „Über den 25. Juni 1867 gibt es sogar ein Lied des nassauischen Bänkelsängers Philipp Keim", verrät Gabriele Glessmann. Philipp Keim (1804–1884) ist als 17-jähriger Küfergeselle bei einem Arbeitsunfall im Keller des Biebricher Schlosses erblindet. Der damalige Herzog Wilhelm von Nassau (1792-1839) schenkte dem jungen Mann eine Drehorgel und erlaubte ihm, im ganzen Herzogtum, vor allem auch in den Badeorten und Kurstädten, zu musizieren. Was Philipp Keim auch getan hat – heute ist eine Schule in seinem Heimatort Diedenbergen nach ihm benannt.

> *„Über den 25. Juni 1867 gibt es sogar ein Lied des nassauischen Bänkelsängers Philipp Keim."*

Doch zurück zur Hochwassermarke: Beim großen Unwetter von 1867 gab es die Adolf-Schneider-Straße, wo sich heute die Markierung befindet, noch gar nicht. „Die Gegend hieß ‚Im Grund', entlang des offen fließenden Rambachs ging das ‚Grundpeedsche' zur Lohmühle", erklärt Gabriele Glessmann. Im Haus Adolf-Schneider-Straße 3 befindet sich seit über 30 Jahren die Kfz-Werkstatt von Günther Hartmann. Als er das Haus übernahm, war dort noch eine alte Hochwassermarke angebracht, die an 1867 erinnerte. Weil sie verwittert war, wurde sie durch die jetzige ersetzt.

Hochwassermarken von diesem Tag befanden sich bis in die 1960er-Jahre auch in Sonnenberg, sind aber mittlerweile verschwunden. Die Rambacher ist einzige, die übrig geblieben ist.

Eva Wodarz-Eichner

So geht's zur Hochwassermarke:

Die Markierung befindet sich in Rambach am Haus Adolf-Schneider-Straße 3.

Kirchenmauer
Das Paradiesgärtlein

Sie gilt als ein Kleinod des Rokoko in Wiesbaden: die evangelische Christophoruskirche, kaum einen Steinwurf vom Schiersteiner Hafen entfernt. Rings um das Gotteshaus zieht sich eine massive Mauer aus grob behauenen Steinen – einer Gartenumfriedung gleich, die ein mittelalterliches Paradiesgärtlein umfasst. Was hat es damit auf sich?

„Wo unsere Kirche heute steht, war für lange Zeit ein Gemüsegarten", erzählt Pfarrer Dr. Jörg Mohn schmunzelnd. Die Mauer umfriedete einst also kein Gotteshaus, sondern Kohlköpfe und Rüben. „Und dass sie an dieser Stelle steht, ist zugleich ein Stück gelebte Ökumene." Um zu erklären, warum das so ist, muss Mohn, der 2001 als Pfarrer nach Schierstein kam, etwas weiter ausholen: Das war schon beim Vorgängerbau aus dem 9. Jahrhundert nicht anders. Der stand auf dem Gelände der heutigen Söhnlein-Anlage am Hafen, nahe dem alten Schiersteiner Pfarrhaus und direkt neben dem ehemaligen Zehnthof, auf dessen Gelände heute die Erich-Kästner-Schule steht. Die Zeit verging und die Reformation wurde auch in Schierstein eingeführt. Im 18. Jahrhundert war die alte Schiersteiner Kirche dann derart baufällig geworden, dass im Januar 1752 Teile des Kirchturms einstürzten.

> *„Wo unsere Kirche heute steht, war für lange Zeit ein Gemüsegarten. Und dass sie an dieser Stelle steht, ist zugleich ein Stück gelebte Ökumene."*

„Ein Neubau wurde nötig", erzählt Pfarrer Mohn weiter. Das Gotteshaus sollte diesmal an einer vor Hochwasser sicheren Stelle errichtet und vor allem deutlich größer werden. Denn Schierstein hatte für den evangelischen Glauben in der Region eine wichtige Bedeutung: Die Kirche war die erste auf Nassauer Gebiet, das – anders als der angrenzende katholische Rheingau, der zu Mainz gehörte – protestan-

Pfarrer Dr. Jörg Mohn ist fasziniert von der langen Geschichte, die „seine" Christophoruskirche aufweisen kann.

tisch war. Für die evangelischen Gläubigen im nahen Rheingau war Schierstein also der erste Anlaufpunkt für den sonntäglichen Gottesdienstbesuch, dementsprechend prächtig sollte auch die neue Kirche werden. Ihre weithin sichtbare Welsche Turmhaube mit Uhr und Glockenstube – darin die bronzene „Paternoster-Glocke" von 1340, die wohl älteste Glocke in Wiesbaden – ist bis heute Wahrzeichen von Schierstein.

Doch welchen Bauplatz sollte die Gemeinde wählen? Mohn erzählt: „Zu jener Zeit gehörte besagter Gemüsegarten dem Kurmainzischen Oberbaudirektor Franz Anselm von Ritter zu Groenesteyn. Und da die Gemeinde für ihren Kirchenneubau ein mehr in der Ortsmitte gelegenes Grundstück suchte, kam es zu einem ökumenischen Wunder: Der katholische Ritter stellte seinen Gemüsegarten der evangelischen Gemeinde als Baugrundstück zur Verfügung! Die wunderschöne alte Einfriedungsmauer steht noch heute." Franz Anselm von Ritter zu Groenesteyn (1692-1765) war ein bemerkenswerter Mann mit einer Vielzahl von Ämtern und Titeln: Kurmainzischer Kämmerer, Geheimer Hofrat, Hofmarschall und Oberbaudirektor – und als solcher verantwortlich für alle Großbauprojekte im Kurstaat. Der studierte Jurist war ein Freund des Baumeisters Balthasar Neumann, dessen Name zu jener Zeit – und auch heute – in aller Munde ist: Neben etlichen Mainzer Barockbauten (Deutschhaus, Stadioner Hof, Bassenheimer Hof, Lustschloss Favorite) war er beteiligt am Bau des Schlosses von Bruchsal, der Residenz in Würzburg, dem Neuen Schloss Meersburg und der Abteikirche in Amorbach. Er errichtete auch die steinerne Balustrade am Biebricher Schloss.

Die alte Mauer zieht sich rund um die Schiersteiner Christophoruskirche.

Die Schiersteiner Kirche allerdings entwarf Johann Scheffer, ein Jurist aus der evangelischen Konsistorialverwaltung. Aus Kostengründen verzichtete man damals auf einen separaten Turm. Die turmähnliche Haube ruht nur auf der Stirnwand und ansonsten auf dem hölzernen Kirchendach, eine statisch nicht ganz unproblematische Lösung. Immerhin: Nach nur gut zwei Jahren Bauzeit konnte das Gotteshaus im September 1754 geweiht werden.

„Der katholische Ritter stellte seinen Gemüsegarten der evangelischen Gemeinde als Baugrundstück zur Verfügung."

Noch heute ist an der Umfassungsmauer zu erkennen, dass die Rokokokirche – übrigens eine weithin sehr beliebte Hochzeitskirche – direkt in einen Garten gebaut worden ist. Und dass ein so schöner Garten mit Gotteshaus einfach himmlisch ist, zeigt auch der Name des angrenzenden Sträßchens: Paradiesgässchen.

Eva Wodarz-Eichner

So geht's zur Kirchenmauer:

Die Christophoruskirche in der Schiersteiner Zehntenhofstraße ist weithin sichtbar. Die Mauer zieht sich rund um die Kirche in Zehntenhofstraße, Paradiesgässchen und Bernhard-Schwarz-Straße.

Dr. Willem-Alexander van't Padje weist auf die Initialen seines Ururgroßvaters an der Fassade des Hauses.

39

Initialen
Wo der Ururgroßvater noch heute lebendig ist

Dr. Willem-Alexander van't Padje ist Historiker. Und, auch wenn man das seinem Namen nicht unbedingt anhört, Ur-Wiesbadener noch dazu. Beides sind gute Voraussetzungen, in der eigenen Familiengeschichte zu forschen – und dabei so manches bis dato Unbekannte ans Tageslicht zu bringen. Es geht um das stattliche Haus am Kaiser-Friedrich-Ring 59 / Ecke Scheffelstraße, das der Familie seit 1904 gehört und in dem Willem-Alexander van't Padje noch heute mit seiner Familie lebt. An der Fassade sind deutlich sichtbar die Initialen *CG* angebracht – was es mit ihnen auf sich hat und welche Geschichte dahinter steckt, hat der Historiker mithilfe seiner inzwischen längst verstorbenen Großmutter, des Stadtarchivs und des Hauptstaatsarchivs herausgefunden.

„Die Initialen CG stehen für den Namen meines Ururgroßvaters Carl Götz, der das Haus Anfang 1904 gekauft hat", sagt Willem-Alexander van't Padje. Carl Götz stammte ursprünglich aus Walsdorf bei Idstein. „Offensichtlich ist er rund um die Reichsgründung nach Wiesbaden gezogen – warum, kann ich nicht sagen." Jedenfalls läuteten seine Hochzeitsglocken in Wiesbaden: Am 26. Dezember 1872 heiratete der Zigarrendrechsler Carl Götz die Dienstmagd Margarethe Göttmann aus Niederramstadt.

Als ersten Wiesbadener Wohnsitz seines Ururgroßvaters konnte Willem-Alexander van't Padje die Adresse Zimmermannstraße 1/Ecke Dotzheimer Straße ermitteln. Und er fand auch heraus, dass Götz ab 1893 seinen erlernten Handwerksberuf des Zigarrendrechslers aufgegeben und sich als Hauptagent der Mecklenburgischen Lebensversicherung und Sparbank (Schwerin) niedergelassen hat. 1897/98 hat sein Ururgroßvater die Gesellschaft gewechselt: Im Adressbuch der Stadt Wiesbaden findet man Carl Götz als Hauptagenten der Baseler Lebens- und Unfallversicherung und der „Preußischen Feuer-Versicherung Actien-Gesellschaft zu Berlin" unter der gleichen Anschrift in der Zimmermannstraße.

Die Buchstaben CG stehen für Carl Götz, der das Haus im Jahr 1904 kaufte.

Nachdem Carl Götz rund 30 Jahre dort gewohnt hatte, wollte er sich verändern. Angetan hatte es ihm das stattliche Haus, das Karl Wirth 1903 am Kaiser-Friedrich-Ring bauen ließ: Wirth selbst wohnte im Nachbarhaus Scheffelstraße 1, das neue Haus Kaiser-Friedrich-Ring 59 ließ er mit gleicher Fassade errichten. Auch sonst ähnelten sich die beiden Häuser bis zum Bombardement 1945 stark. Warum Karl Wirth das neue Haus nach nur einem Jahr wieder verkaufte, ist heute nicht mehr zu ermitteln.

Eine Abschrift des Kaufvertrags jedenfalls liegt Willem-Alexander van't Padje vor. „Mein Ururgroßvater hat das Haus im April 1904 gekauft – und dann wohl seine Initialen über dem Anno Domini 1903 an der Fassade anbringen lassen." Unten im Haus war lange, bis zur Jahrtausendwende, ein Zigarren- und Zeitungsladen beheimatet. „Ich denke, das wäre Carl Götz als gelerntem Zigarrendrechsler recht gewesen", sagt der Ururenkel augenzwinkernd.

Bis zu seinem Tod am 23. Dezember 1920 hat Carl Götz in seinem Haus gewohnt. „Meine Oma hat immer erzählt, dass es ihm die Familie damals ziemlich übel genommen hat, dass er ausgerechnet am Tag vor Heiligabend gestorben ist." Aber das Leben musste auch in dem Haus am Kaiser-Friedrich-Ring 59 weitergehen. Carl Götz' Sohn Robert hat die Agentur dann mit Sitz in der Rheinstraße 91 fortgeführt. „Das Firmenschild in Emaille hängt bei uns im Weinkeller", verrät Willem-Alexander van't Padje schmunzelnd.

In der Bombennacht vom 2. auf den 3. Februar 1945 wurde die Rückfassade des Hauses schwer getroffen. Auch das Dach wurde stark beschädigt und der Eckgiebel an der Vorderfassade zerstört. Nach dem Wiederaufbau blieb viel Stuck an der Vorderfassade zunächst noch erhalten, doch im Laufe der 60er-Jahre fielen zahlreiche Spuren des Jugendstils und Historismus unweigerlich Renovierungsarbeiten zum Opfer, da sie durch Witterungsschäden sehr brüchig geworden waren. Neben den Initialen ist ein historistischer Schriftzug unter einem Eckfenster jedoch bis heute erhalten geblieben: *Freude wohne, Friede walte*. Und das soll gern auf ewig so bleiben.

Eva Wodarz-Eichner

So geht's zu den Initialen:

Das Haus steht am Kaiser-Friedrich-Ring 59/Ecke Scheffelstraße. Die Initialen sind auf der Fassade deutlich zu erkennen.

Die erste der beiden Jahreszahlen an der Fassade.

Zahl

Pillendosen und ein geraubtes Kunstwerk

985 – FFE – 1911 steht an dem Haus geschrieben. Zwei Zahlen – das Jahr der Erbauung und das der Sanierung –, die für die Geschichte des Gebäudes wichtig sind und doch nicht mal einen Bruchteil dessen verraten, was sich in diesen Wänden einst abspielte. Die Kunsthistorikerin Tanja Bernsau hat sich ausführlich mit dem Gebäude und seiner Geschichte beschäftigt: „Das Haus Taunusstraße 66 wurde ursprünglich als Hotel errichtet, aber nie als solches genutzt." Statt einem Hotel siedelten sich hier in den 1930er-Jahren die Lyssia-Werke an. „Lyssia verkaufte zum Beispiel Inspirol Nasensalbe und gleichnamige Pastillen sowie das Wiesbadener Taunus-Fichtelnadelbad und Rheumalgin." Der Apotheker Dr. Wilhelm Kreuder hatte das Werk bereits 1901 gegründet, seinen Anteil dann aber an seinen jüdischen Mitbürger Max Brings verkauft. „Die Produktionsstätte des florierenden Unternehmens war zunächst in der

Walkmühlstraße 26 beheimatet", erzählt die Kunsthistorikerin die Geschichte weiter. „Brings ist mit diesem Unternehmen reich geworden – er zählte vor 1933 zu den am höchsten besteuerten Bewohnern Wiesbadens und besaß in seiner 28-Zimmer-Villa eine großartige Kunstsammlung." Ein Jude, der ausgerechnet in dieser geschichtsträchtigen Zeit seinen Firmensitz verlegte – die Schlussfolgerung liegt nahe, dass das nicht freiwillig geschah. Tatsächlich musste Brings seinen Betrieb wegen der Anfeindungen und Ausgrenzung in der NS-Zeit verkleinern. „Deshalb zog er in die kleineren Räumlichkeiten in der Taunusstraße 66, in die Nähe seines Wohnhauses im Nerotal 1", verdeutlicht Tanja Bernsau.

Retten konnte ihn der Umzug allerdings nicht. „Schon kurz darauf wurde der Betrieb ‚arisiert' und Brings die deutsche Staatsbürgerschaft aberkannt. Im Oktober 1938 folgte die Abschiebung in seine Heimat Polen." Wie es ihm dort während des Krieges erging, ist nicht bekannt. Klar ist jedoch, dass er, anders als viele andere Juden, die nach dem Krieg nicht zurückkehrten, 1946 in die Taunusstraße zurückkam und den Betrieb bis zu seinem Tod im Jahr 1950 weiterführte. In diesen Jahren kämpfte er darum, seine Sammlung wieder zurückzuerhalten. „In der Zeit des Nationalsozialismus waren ihm auch zahlreiche wertvolle Kunstwerke geraubt worden", erzählt Tanja Bernsau. „Nach dem Krieg ersuchte er im Central Collecting Point um die Rückgabe." Die Kunsthistorikerin hat recherchiert, dass um eines der Werke aus seinem Besitz besonders erbittert gestritten wurde. „Es handelt sich um ein Bild von Eduard Grützner mit dem

Tanja Bernsau vor dem stattlichen Haus an der Taunusstraße. In der Hand hält sie eine Pillendose.

Titel *Die Likörprobe*. Nachdem das Werk während der NS-Zeit durch die Gestapo bei Max Brings konfisziert wurde, gelangte es in den Besitz des berüchtigten Frankfurter Kunsthändlers Wilhelm Ettle." Der habe häufig Kunstwerke auf sogenannten „Judenauktionen" versteigert, „deren Herkunft nicht einmal verschleiert wurde, war diese doch aufgrund der Kunstexpertise ihrer vormaligen Besitzer durchaus als Qualitätsmerkmal angesehen", erläutert Tanja Bernsau. Im Jahre 1941 sei das Grützner-Gemälde von Ettle an einen Frankfurter Sammler verkauft worden. „Hier wurde es nach dem Krieg auch gefunden, der Frankfurter sah sich jedoch selbst als rechtmäßigen Eigentümer des Grützners an, da er das Werk auf einer öffentlichen Auktion käuflich erworben habe." Letztendlich hätten die amerikanischen Besatzungsbehörden eine Herausgabe erwirken und Max Brings seinen Besitz zurückübereignen können, freut sich die Kunsthistorikerin, die auch von die Architektur des Gebäudes fasziniert ist, in dem Brings zeitweise seinen Firmensitz hatte: „Das 1908 als Hotel geplante viereinhalbgeschossige Gebäude ist ein absoluter Hingucker: Repräsentative Werksteinfassade mit konvex geschwungenen Balkonen in Abwechslung mit konkav geschwungenen Erkern mit Figurationen im Louis-Seize-Stil", beschreibt sie. Vermutlich sei der Bau als Glied einer geschlossenen Bebauung gedacht gewesen. „Das Gebäude steht aus künstlerischen und stadtbaugeschichtlichen Gründen unter Denkmalschutz."

Übrigens: Tanja Bernsau kann eine historische Pillendose von Inspirol, der Firma, mit der Max Brings reich geworden war, ihr Eigen nennen. Originale Pastillen befinden sich allerdings nicht mehr darin: Inspirol gibt es zwar heute noch, aber als Saft, nicht als Pastillen. Und der ist bekanntlich in einer Flasche besser aufgehoben.

Eva-Maria Bast

....
So geht's zur Zahl:

Sie befindet sich an der Fassade des Gebäudes Taunusstraße 66.

Intendant Uwe Erik Laufenberg ist stolz auf den schönsten Bühneneingang der Welt. Dort gibt es so viel Theater, dass das Programm Jahr für Jahr eine stattliche Broschüre füllt.

41 Hintereingang

Des Theaters prächtige Rückseite

E s ist ein pompöses Entree für ein prächtiges Gebäude: Eine breite Auffahrt führt zu einem großen Säulenportikus empor, der von einem figurengeschmückten Giebel bekrönt ist. *Der Menschheit Würde ist in Eure Hand gegeben. Bewahret sie!*, mahnt ein Schiller-Zitat in großen Lettern. Doch seltsam, kein Opernbesucher betritt hier durch das große Rundbogentor das Hessische Staatstheater Wiesbaden. „Stattdessen haben wir hier den schönsten Bühneneingang der Welt", lacht Intendant Uwe Eric Laufenberg. Denn an seinem Theater ist einiges anders als bei anderen Häusern. Hinten ist vorn, und vorn ist hinten. Das hat mit der Baugeschichte zu tun – und mit den besonderen Anforderungen des Bauplatzes. Doch der Reihe nach.

Das heutige Hessische Staatstheater Wiesbaden, zwischen 1892 und 1894 im Stil des Neobarock errichtet, wurde in das bereits bestehende Ensemble aus Kurhaus und Kolonnaden eingefügt. So kommt es, dass der Haupteingang heute eher dezent in die südliche der beiden klassizistischen Kurhaus-Kolonnaden (die „Theaterkolonnade") integriert ist – kein Vergleich zum pompösen neobarocken Äußeren des restlichen Gebäudes. Das entfaltet seine Pracht nach hinten, hinaus zum Warmen Damm. Die dortige Schauseite ist aber eigentlich nur die Rückseite, die das weit aufragende Bühnenhaus beschließt. Doch auch sie wird bei Laufenberg gelegentlich für Performances genutzt, so beispielsweise während der Internationalen Maifestspiele 2018 als Freiluft-Kulisse für die nächtliche Uraufführung der Molotov-Cocktail-Oper „Verbrannte Erde".

Konzipiert wurde das Theater von den beiden damals führenden Opernhaus-Architekten Ferdinand Fellner d. J. (1847-1916) und Hermann Helmer (1849-1919), deren neobarocke Theaterbauten bis heute in ganz Europa stehen. Ihr Neubau in Wiesbaden ersetzte das alte Hoftheater aus dem frühen 19. Jahrhundert, das sich allmählich als zu klein erwiesen hatte. Es wurde schließlich abgerissen, an seiner Stelle steht heute der prächtige Bau des Fünfsterne-Hotels „Nassauer Hof", das ebenfalls in neobarocker Formensprache errichtet wurde. Fellner und Helmer zogen in Wiesbaden für das „Neue Königliche Hoftheater" alle Register, gestalteten die „falsche" Schauseite mit prächtigem Figurenschmuck. Auch die Innenausstattung schwelgt in neobarocker Pracht, sie wurde nach Kriegszerstörungen mit viel Liebe zum Detail wiederhergestellt. Das prächtige Decken-

Das hessische Staatstheater ist schon von weitem sichtbar.

fresko im Zuschauerraum des Großen Hauses schuf seinerzeit der bekannte Wiesbadener Künstler Kaspar Kögler (1838-1923); er malte auch das nachträglich angebaute – und im Krieg unzerstörte – Theaterfoyer aus. Kaiser Wilhelm II. (1859-1941) jedenfalls gefiel es: Er kam alljährlich zu den Internationalen Maifestspielen (damals: „Kaiserfestspiele") und hielt in seiner Loge Hof. Natürlich hatte Seine Majestät einen Extra-Eingang an der Wilhelmstraße, von dem aus er ohne Kontakt mit dem Publikum in seine Loge gelangte. Die kann heute, ganz demokratisch, von jedermann gebucht werden, selbst zum alljährlichen Weihnachtsmärchen für Schulklassen. Doch häufig sitzen, gerade bei Opernpremieren, hier die Amtsträger der Stadt oder Prominente aus der Stadtgesellschaft. Wie auch immer: Intendant Laufenberg selbst bevorzugt jedenfalls stets einen etwas dezenteren Platz. Meist sieht man ihn bei Premieren in der rechten Seitenloge VII. Und auch von dort aus hat er einen hervorragenden Blick auf die Bühne. Also genau auf den Mittelpunkt des Geschehens – und außen umrahmt von der wohl schönsten Gebäuderückseite, die Wiesbaden zu bieten hat.

„Wir haben hier den schönsten Bühneneingang der Welt."

Eva Wodarz-Eichner

So geht's zum Hintereingang:

Die prächtige Rückseite des Hessischen Staatstheaters befindet sich am Warmen Damm.

Dekan Dr. Martin Mencke weist auf eine der drei Tafeln, die im Pflaster des Mauritiusplatzes an die alte Mauritiuskirche erinnern.

Tafeln
Kirchgasse ohne Kirche

Die Kirchgasse ist das Herzstück der Wiesbadener Fußgängerzone. Doch dem Namen zum Trotz ist weit und breit keine Kirche zu sehen. Des Rätsels Lösung liegt am Mauritiusplatz – oder besser gesagt in dessen Pflaster, wo heute drei kleine Metalltafeln Licht ins Dunkel der Geschichte bringen. „Bis 1850 stand hier die Mauritiuskirche", erklärt Dekan Dr. Martin Mencke. Der evangelische Theologe predigt selbst regelmäßig in der Lutherkirche und kennt sich mit der Geschichte der Wiesbadener Gotteshäuser bestens aus.

151

Die Mauritiuskirche – benannt nach dem spätantiken Märtyrer Mauritius, einem der populärsten Heiligen des Mittelalters – war lange Zeit das wichtigste Kirchengebäude in Wiesbaden. „Schon im 8. Jahrhundert wurde hier der erste karolingische Vorgängerbau errichtet", erzählt Mencke. Es folgten mehrere größere Neubauten, bis ab etwa 1500 ein hoch aufragender spätgotischer Bau über Jahrhunderte das Stadtbild prägen sollte. Im Zuge der Reformation wurde die Mauritiuskirche lutherisch, im 19. Jahrhundert war sie kurzzeitig die Grablege der früh verstorbenen Herzogin Elisabeth. Am 27. Juli 1850 brannte die gesamte Kirche bis auf die Außenmauern nieder. Bei Renovierungsarbeiten am Turmhelm war ein Feuer ausgebrochen, das nicht mehr unter Kontrolle gebracht werden konnte. Lediglich der Sarkophag von Herzogin Elisabeth wurde noch rechtzeitig vor den Flammen gerettet. Er steht heute in der russischen (im Volksmund: „griechischen") Kapelle auf dem Neroberg. Die zerstörte Mauritiuskirche wurde nach dem Feuer nicht wiederaufgebaut, ihre Überreste abgebrochen. An der Stelle des ehemaligen Kirchengebäudes liegt seither der Mauritiusplatz. Drei Stahltafeln im Granitboden zeigen den Grundriss des früheren Gotteshauses und dessen Lage an. In Wiesbaden plante man nach dem verheerenden Brand größer: In Sichtweite des Stadtschlosses entstand ab 1853 unter der Leitung des bekannten Architekten Carl Boos (1806-1883) ein prächtiger neogotischer Neubau – die Marktkirche. Von der alten Mauritiuskirche ist indes nicht viel geblieben – außer den Erinnerungstafeln und den Straßennamen. Neben Kirchgasse und Mauritiusplatz sind dies auch die angrenzende Mauritiusstraße und die Kleine Kirchgasse.

Eva Wodarz-Eichner

So geht's zu den Tafeln:

Der Mauritiusplatz ist das Herz der Fußgängerzone. Man kann sich ihm von der Kirchgasse oder der Langgasse aus nähern. Die Tafeln befinden sich zentral in der Mitte des Platzes.

Voller Einsatz: Dr. Kurt Rossig hat sich mal eben ein römisch anmutendes Gewand übergeworfen, um dieses Geheimnis zu erzählen.

Römerstein

Eine Badegöttin und eine dankbare Mutter

Rufianus T. Porcius, seines Zeichens Oberbefehlshaber für die Provinz Germania Superior, und seine Frau Antonia sind in tiefer Sorge: Ihrer Tochter Porcia Rufiana geht es gar nicht gut, nichts will ihr so recht helfen. Da hat der römische Legat der in Mogontiacum (heute Mainz) liegenden 22. Legion eine Idee: Ins nahegelegene Aquae Mattiacorum (heute Wiesbaden) müsste man das Mädchen schicken, an den dortigen Quellen erholen sich schließlich auch die verwundeten Soldaten seiner Legion. Mama Antonia setzt noch einen drauf: Sollte die Tochter genesen, so ihr Gelübde, wolle sie der Göttin Diana Mattiaca eine Statue stiften.

„Diana Mattiaca war eine der drei Wiesbadener Badegottheiten", erklärt der auf römische Geschichte spezialisierte Gästeführer Dr. Kurt Rossig. „Der zweite Badegott war Dianas Bruder Apollo Toutiorix, die dritte die keltische Quellgöttin Sirona." Er fährt fort: „Es war typisch für die Römer, dass sie für die erstrebte Heilung die Götter um Hilfe baten. Sie stimmten sie auch gnädig, indem sie Münzen in den Quelltümpel warfen."

Die römische Mutter aber hatte sich entschieden, Diana eine Statue zu widmen – und sie hielt ihr Versprechen, als das Töchterlein glücklich geheilt heimgekehrt war. Von dieser Statue ist noch heute etwas zu sehen: der Sockel, auf dem sie thronte. Er steht auf der Grünfläche neben dem Kochbrunnen und sogar ein Teil der Inschrift ist noch zu erkennen: „daß Antonia M. die Gattin des Legaten der 22. Legion T. Porcius Rufianus für die Heilung (Rettung) ihrer Tochter Porcia Rufiana aufgrund Ihres Gelübdes der Diana Mattiaca eine (die) Statue hat setzen lassen."

„Das ist aber nicht der originäre Standort", unterstreicht Kurt Rossig. „Der Sockel wurde im Zuge von Baumaßnahmen zwischen der Kaiser-Wilhelms-Heilanstalt und der Marktkirche gefunden, ursprünglich war er wohl in der Heidenmauer verbaut gewesen. In dieser um 370 nach Christus errichteten römischen Mauer wurden viele antike Reste aus dem alten Wiesbaden zweitverwertet."

In welcher der salzhaltigen Quellen, die bis zu 67 Grad Celsius warm sind, und in welcher dazugehörigen Therme die Tochter des Oberbefehlshabers der Legion seinerzeit badete, sei unbekannt – vermutlich in der Schützenhoftherme oder in der großen Thermenanlage

Dieser Stein bildete einst den Sockel einer Statue, die eine dankbare römische Mutter gestiftet hatte.

am heutigen Kranzplatz in der Nähe des Kochbrunnens. Beide entwickelten sich aus Thermen für Legionäre zu zivil genutzten Thermen und Heilbädern für die Allgemeinheit. Die Schützenhoftherme, sagt Rossig, sei die älteste römische Therme in Wiesbaden. 70 bis 90 n. Christus gebaut sei sie bis ins Mittelalter durchgehend in Betrieb gewesen. Die Schützenhofquelle hat nur eine Temperatur von 49 Grad Celsius, da ihr natürlicherweise kaltes Süßwasser aus einem Quarzgang zugeführt wird. Bei den anderen römischen Thermenanlagen wurde durch Mischung mit kaltem Wasser eine angenehme Badequelle geschaffen – wobei die verschiedenen Becken unterschiedlich temperiert waren. Männer und Frauen badeten in der Regel getrennt. „An der römischen Via Maxima, die parallel zum Hauptquellenstrang verlief, befand sich eine weitere Quelle, die Adlerquelle. Auch sie speiste eine römische Badeanlage, ein Schwitzbad, umgeben von Herbergsgebäuden", erzählt der Römerspezialist weiter.

Die römischen Thermen dienten der Gesundheit und dem Vergnügen, man gab sich der Körperpflege hin, tauschte Klatsch und Tratsch aus, „selbst die großen modernen Gemeinschaftstoiletten in den Thermen waren ein wichtiger Kommunikationsort", erzählt Rossig schmunzelnd. „Es musste auch keiner Hunger und Durst leiden, denn die Händler boten Kuchen, Würste und Pasteten an und Kellner brachten Getränke herbei."

Kurzum: den Römern ging's in Aquae Mattiacorum ganz und gar prächtig. Und Porcia Rufiana bekam der Aufenthalt so gut, dass sie genas. Wie das noch viele Männer und Frauen nach ihr tun sollten – auch dann noch, als Aquae Mattiacorum lange schon Wiesbaden hieß.

Eva-Maria Bast

So geht's zum Römerstein:

Er steht auf der Grünfläche gegenüber dem Kochbrunnen.

Straßenbahnrosette
Begeisterung für die „Elektrische"

Wer durch Biebrich fährt, kann an der einen oder anderen Hausfassade in etwa sechs Metern Höhe eiserne Rosetten entdecken, die offenbar keinen besonderen Zweck erfüllen. An manchen befinden sich Haken oder Ösen, als wolle man dort etwas aufhängen. Aber was sollte wohl in sechs Meter Höhe an diesen Haken aufgehängt werden? Dr. Martin Pächer weiß es: „Das sind Straßenbahnrosetten", sagt er. „Sie dienten dazu, die Oberleitungen zu halten, durch die die Straßenbahnen mit Strom versorgt wurden."

Die Geschichte der Wiesbadener Straßenbahn reicht aber noch weiter in die Vergangenheit zurück – in eine Zeit, als die Stadt noch gar nicht elektrifiziert war: ins Jahr 1875. Damals wurde eine Pferdebahn eingerichtet, die „Englische Wiesbaden Tramways Company" baute eine etwa drei Kilometer lange Pferdebahnstrecke – die am 16. August 1875 feierlich eröffnet wurde und bei den Wiesbadenern so gut ankam, dass sie in den Folgejahren immer mehr erweitert wurde. Bei dieser Pferdebahn habe es sich um eine Bahn in Normalspur (1435 mm) gehandelt, 1889 wurde eine weitere in Meterspur (1000 mm) gebaut. „Und dann gab es noch ein kurzes Kapitel mit Dampfbahnen: Die Centralverwaltung für Secundairbahnen Herrmann Bachstein kaufte die Pferdebahn und baute sie für den Dampfbahnbetrieb um", erzählt Pächer die wechselvolle Geschichte weiter. Auf Bachstein ist auch 1895 die Gründung der „Süddeutsche Eisenbahn-Gesellschaft AG" (SEG) mit Sitz in Darmstadt zurückzuführen, die die Wiesbadener Straßenbahn übernahm.

In all diesen Phasen spielten die Straßenbahnrosetten aber noch keine Rolle. Die kamen erst mit der Elektrifizierung an die Hauswände. „Im Mai 1896 fuhr die erste elektrische Straßenbahn durch Wiesbaden", sagt der Experte. Man war durchaus zufrieden mit der Elektrifizierung und erweiterte schnell und kräftig: Stadt und SEG einigten

Dr. Martin Pächer weiß, wofür der Eisenhaken, der hoch über seinem Kopf an der Hauswand hängt, einst gut war.

sich im April 1899 auf die Elektrifizierung der restlichen Bahnen und im August 1900 war das Werk vollbracht. Nach 25 Jahren konnten die Pferde fortan im Stall bleiben. Sie hatten ausgedient.

Wenn die Elektrische anfangs auch als Ungeheuer bezeichnet wurde, das durch die Straßen rast, fuhren die Wiesbadener letztendlich doch gern und viel mit ihrer Straßenbahn, die in den Folgejahren auch in die Vororte ausgedehnt wurde: 1901 verkehrte sie bis nach Sonnenberg, 1904 nach Schierstein und dann kamen auch in Biebrich die Rosetten an die Wände – ebenjene, die heute noch zu sehen sind. 1907 hatte das Netz eine Gesamtlänge von 42 Kilometern und es wuchs immer weiter an. „Ausgerechnet im Jahr des Kriegsausbruchs 1914 gab es nochmal eine besonders kräftige Erweiterung", erzählt Pächer die Geschichte weiter. Nun fuhren insgesamt neun Linien, durch verschiedene Farben gekennzeichnet, durch die Stadt.

„Im Ersten Weltkrieg brach dann für die Wiesbadener Straßenbahn eine schwere Zeit an", sagt der Ingenieur. „Viele Männer mussten in den Krieg, es mangelte an Material." Für die Herren sprangen nun, wie in vielen anderen Städten auch, Frauen ein, die als Schaffnerinnen arbeiteten. Wie überall wurden sie nach Kriegsende jedoch wieder entlassen, um den Kriegsheimkehrern die Arbeitsplätze freizumachen.

Die Straßenbahnrosette.

Doch auch nach dem Krieg war die Zeit für die Wiesbadener Straßenbahn nicht einfach. Immer wieder gab es Streit zwischen der Stadt und der SEG. Der Grund: Die Stadt fand, dass die SEG sich nicht genug um Instandsetzung und Modernisierung der Straßenbahn kümmere. 1929 wollte die Stadt die Straßenbahn übernehmen. Die Verhandlungen scheiterten daran, das die SEG aus städtischer Sicht zu viel Geld wollte, doch letztendlich saß die Stadt am längeren Hebel: Die Konzession war abgelaufen und man entschied sich, die Linien 1 bis 4 und teilweise auch die Linie 5 durch Busse zu ersetzen. „Ein voreiliger Beschluss, dessen Auswirkungen bis heute wirksam sind", sagt Pächer.

Nun war es endgültig aus mit den rosigen Zeiten der Straßenbahn, die nur noch Verluste machte. Weitere Verhandlungen zwischen Stadt und SEG blieben weitgehend erfolglos. Weltwirtschaftskrise und der Ausbruch des Zweiten Weltkriegs taten ein Übriges und 1943 zog sich die SEG dann auch zurück, die verbliebenen Linien gingen in städtischen Besitz über.

1945 musste der Straßenbahnbetrieb eingestellt werden – die Beeinträchtigungen durch den Krieg waren einfach zu groß. Man hatte mit den gleichen Problemen wie im Ersten Weltkrieg zu kämpfen, nun kamen aber auch noch Bombenschäden hinzu. Zwar wurden die Linien 6 bis 9 in der Nachkriegszeit nach und nach wieder in Betrieb genommen. Doch die Sanierungskosten von rund 7,5 Millionen Mark, die aufgebracht werden mussten, um die Kriegsschäden endgültig zu beseitigen, waren einfach zu hoch. Deshalb entschied man sich, die Linien nun doch einzustellen. „1955 war die Ära der Wiesbadener Straßenbahn dann endgültig vorbei", sagt Pächer. „Hier und da findet man im Stadtbild noch Relikte wie Schienenreste oder eben die Straßenbahnrosetten, teilweise mit Haken." Sie haben ausgedient – und doch eine so wichtige Funktion: Sie sind gewissermaßen zu Erinnerungshaken geworden, an denen ein großes Stück Geschichte hängt.

Eva-Maria Bast

So geht's zur Straßenbahnrosette:

In der Rathausstraße in Biebrich sind einige zu finden, zum Beispiel am Haus Nr. 67 und an dem Gebäude gegenüber der Polizei. Auch in der Innenstadt kann man sie immer wieder entdecken.

{ 45 }

Steinmetzzeichen
Das Haus des H. Schaf

Manchmal lohnt es sich, beim Spaziergang die Umgebung genau zu betrachten und selbst Gebäude einer gründlichen Musterung zu unterziehen, die auf den ersten Blick nicht sonderlich schön oder aufregend wirken. Das gilt auch für das Haus in der Didierstraße in Biebrich, das ganz offenbar schon bessere Zeiten erlebt hat. Denn neben dem ramponiert aussehenden Scheunentor findet sich ein ausgesprochen spannendes Relief: eine Sandsteintafel mit zwei Wappenschildern, Initialen und der Inschrift *laUS dEO · 1 · 5 · 8 · 1 · AMEN*. Des Weiteren: Eine Rosette und, schräg darunter, ein merkwürdiges, runenartiges Zeichen. Die Suche nach der Frage, was es mit der Sandsteintafel auf sich hat, führt schnell zum Inschriftenkatalog der Stadt Wiesbaden. Selbigem ist zu entnehmen, dass es sich bei dem Gebäude um das ehemalige Gasthaus „Zum Engel" handelt und dass die Inschrift übersetzt bedeutet: „Lob sei Gott 1581 Amen." Weiter heißt es dort: „Die Inschrift und die Initialen zeigen eine Kapitalis mit spiegelverkehrtem N und drei Kleinbuchstaben. Das U ist für die Zeitstellung ungewöhnlich früh, es ist in der Regel erst spät im 17. bzw. 18. Jahrhundert in Inschriften nachweisbar." Soviel also zu der Inschrift. Auch zu den beiden Wappen findet sich in der Inschriftenliste eine Erklärung: Das erste sei als redendes Wappen eines H. Schaf gedeutet worden. Redende Wappen sind Darstellungen, in denen der Name bildhaft dargestellt ist, wie hier eben ein Schaf für den Namen Schaf. Rechts und links des Wappens finden sich die beiden Initialen H und S. Auf dem rechten Wappen ist ein merkwürdiges, runenartiges Zeichen zu sehen – sehr kunstvoll gearbeitet. Dabei handelt es sich um die Hausmarke der Familie. Jede Familie hatte ihr eigenes Zeichen, das sie zur Kennzeichnung ihres beweglichen und unbeweglichen Besitzes verwendete. Man brachte es über dem Türsturz an, verwendete es aber auch als Unterschrift bei Verträgen und Urkunden, als Brandzeichen der Tiere und sogar auf

Unscheinbar und doch so bedeutsam:
das kleine, runenartige Zeichen.

Grabsteinen. In runenartiger Form reichen Hauszeichen weit in die Geschichte zurück, als Wappen sind sie seit dem späten Mittelalter zu finden. Die einzelnen Familienmitglieder ergänzten die Marke meist mit einem kleinen Zweig und personalisierten sie so.

Eine ganz ähnliche Bewandtnis hat es mit dem wesentlich kleineren Zeichen, das schräg unterhalb der Rosette eingeritzt ist. Hierbei handelt es sich ganz eindeutig um ein Steinmetzzeichen – also um die Signatur dessen, der das Wappen schuf, wie ein Künstler sein Werk signiert. Zeichen wie diese finden sich aber nicht nur auf kunstvollen Arbeiten, sondern, gerade bei mittelalterlichen Bauwerken, auch auf Mauersteinen. Sie hatten nämlich noch einen ganz anderen, praktischen Zweck: Sie dienten der Abrechnung. Ein Steinmetz stapelte die Quader, die er behauen hatte, und versah die obere Reihe mit seinem Zeichen. So konnte der Meister am Zahltag genau erkennen, welcher Stapel zu welchem Steinmetz gehörte, wie viele Steine er behauen hatte, und ihn nach Stück bezahlen. Jeder Lehrling einer Bauhütte bekam nach seiner fünfjährigen Ausbildung ein solches Steinmetzzeichen, das er wohl selbst entwerfen durfte und das nicht mehr geändert werden konnte. Manche Quellen sagen, dass sich die Steinmetzzeichen einer Bauhütte allesamt ähnelten und voneinander abgeleitet wurden. Dadurch habe man erkennen können, wo ein Steinmetz gelernt hatte, denn die Angehörigen dieses Berufsstandes gingen viel auf Wanderschaft.

Auf diesem Relief gibt es sehr viel zu sehen.

„Bei schweren Verstößen gegen die Bruderschaft" habe das Steinmetzzeichen aufgehoben werden können, schreibt Alfred Schottner in einer Abhandlung über die mittelalterlichen Dombauhütten. Darin erklärt er auch: „Das Zeitalter der etwa von 1250–1500 andauernden ‚himmelsstürmenden Gotik' war zugleich die hohe Zeit der Steinmetzzeichen. An den aus jener Epoche noch vorhandenen Bauwerken sind sie zu Hunderten abzulesen, wobei die Stabform mit Abzweigen bzw. Ästen vorherrscht." Also ein ganz ähnliches Zeichen, wie es auf dem Relief in Biebrich zu finden ist. Und auch das passt zu den Zeichen: „Sie sind keilförmig eingeschlagen und an den Enden prismatisch abgeschlossen." Übrigens: Wurde ein Steinmetz zum Meister, durfte er sein Zeichen in ein Wappen setzen – und wenn die Nachfahren ebenfalls Baumeister waren, übernahmen sie das Wappen meistens. Durch derartige Kennzeichnungen war es möglich, das Wirken einer Baumeisterfamilie über viele Jahrhunderte hinweg zu verfolgen, zumal diese sich oft stolz selbst ein Denkmal setzten, indem sie das Wappen deutlich sichtbar, zum Beispiel auf Schlusssteinen, anbrachten.

Ein Besitzer namens H. Schaf, eine Hausmarke, die Bitte, dass Gott das Haus schützen möge und die Signatur eines Steinmetzen. All das ist der Steintafel zu entnehmen, wenn man genau hinsieht und sie zu deuten versteht.

Eva-Maria Bast

> „*Das Zeitalter der etwa von 1250–1500 andauernden ‚himmelsstürmenden Gotik' war zugleich die hohe Zeit der Steinmetzzeichen.*"

So geht's zum Steinmetzzeichen:

Es befindet sich in dem Relief am Haus Didierstraße 1 in Biebrich unterhalb der Steinrosette.

Dr. Karsten Eichner steht an der Auffahrt zum ehemaligen Paulinenschlößchen.

46

Auffahrt
Parken, wo einst das Schlösschen stand

Die meisten Straßen oberhalb der Sonnenberger Straße haben einen geraden Verlauf. Doch eine fällt aus dem Rahmen: die Herzogin-Elisabeth-Straße. Auf Karten oder aus der Luft sieht sie aus wie ein überdimensionales, seitenverkehrtes S. Und das hat seinen Grund. Denn mitten in ihrer oberen Schlinge, in bester Wiesbadener Innenstadtlage, liegt seit vielen Jahren eine große Brachfläche – aber eine mit Geschichte: „Hier stand bis 1945 das Paulinenschlösschen", erzählt Dr. Karsten Eichner. Der Historiker, Journalist und Buchautor beschäftigt sich seit vielen Jahren mit der Stadtgeschichte, ist Co-Autor eines Biografien-Buchs über Bürger, Badegäste und Berühmtheiten in Wiesbaden. Unter den Porträtierten findet sich auch Herzogin Pauline, die für die Stadtgeschichte prägend wurde. Lange Jahre sichtbarstes Zeichen: ihr Witwensitz in bester Halbhöhenlage oberhalb des Kurviertels, eben jenes zwischen 1841 und 1843 erbaute Paulinenschlösschen. Die prächtige Auffahrt ist noch heute da. „Man meint, gleich kommt ein pompöses Gebäude, aber dann ist da nur der Parkplatz", beschreibt Karsten Eichner die Leere, die sich hinter der Auffahrt öffnet. Kaum zu glauben, dass dort einmal ein prächtiges Palais gestanden hat.

Architekt des Paulinenschlösschens war Theodor Goetz (1806-1885), der neben dem Kaskadenbrunnen auf dem Bowling Green auch die so genannten Englische (d. h. anglikanische) Kirche baute. Lange nach Paulines Tod im Jahr 1856 kam das prächtige Gebäude in Privatbesitz, im Jahr 1900 kaufte es die Stadt Wiesbaden und nutzte es als Interims-Kurhaus. „Man wollte den Kurgästen eine adäquate Alternative bieten, während bis 1907 am nahegelegenen neuen Kurhaus gebaut wurde. Anschließend wurde das Schlösschen als Stadthalle weiter genutzt, war Schauplatz vieler großer Gesellschaften", erzählt Karsten Eichner. Doch bei dem Luftangriff im Februar 1945, der vor allem das Kurviertel verwüstete, wurde auch das Paulinenschlösschen zerstört und die Ruine nach dem Krieg abgerissen. Zurück blieb eine Brachfläche, die fortan als Parkplatz genutzt wurde – unter anderem für die nahe Staatskanzlei.

Doch wer war überhaupt Herzogin Pauline, die Wiesbaden so prägte? Geboren wurde sie als württembergische Prinzessin im Jahr 1810. Gerade 19-jährig heiratete sie 1829 in Stuttgart den nassauischen Herzog Wilhelm I. (1792-1839) und zog mit ihm nach Wiesbaden. Für den 18 Jahre älteren Herzog war es bereits die zweite Ehe, und Pauline wurde an der Seite des oft rüden und herrischen Mannes nicht glücklich. Ihre zehn Ehejahre beschrieb sie später als ihre „Leidensgeschichte". Doch schon 1839 starb der Herzog, und Adolph – sein Sohn aus erster Ehe – rückte nach. Pauline war ihm von Anfang an eine gute Stiefmutter, tröstete ihn auch nach dem frühen Tod seiner aus St. Petersburg stammenden Ehefrau Elisabeth Michailowna, als deren Grablege die Russische Kapelle auf dem Neroberg errichtet wurde. Doch das herzliche Verhältnis zu ihrem nur sieben Jahre jüngeren Stiefsohn gab Anlass zu bösem Klatsch und Tratsch: „Viele haben sich damals das Maul zerrissen – auch wenn ein Liebesverhältnis zwischen den beiden an den Haaren herbeigezogen war", hält Karsten Eichner fest. Dass Pauline aber Courage besaß, zeigte sich in den Revolutionstagen von 1848: Die Herzogin konnte die wütende Menge solange beschwichtigen, bis Adolph von einer Reise zurückkehrte. Er bewilligte gerade noch rechtzeitig die Forderungen der Revolutionäre und konnte damit einen Aufstand vermeiden. 1851 – nachdem Adolph ein zweites Mal geheiratet hat – zog sich Pauline von allen Staatsgeschäften zurück. An Lungentuberkulose erkrankt, starb sie bereits 1856.

An Herzogin Pauline erinnert bis heute die Asklepios Paulinenklinik, das frühere Paulinenstift. Herzog Adolph richtete die Stiftung aus ihrem Nachlass ein und holte dazu Diakonissen aus Kaiserswerth nach Wiesbaden. Auch die Paulinenstraße neben dem Kurhaus und der Paulinenhang – dort wo einst ihr Schlösschen stand und wo heute die Autos parken – erinnern an die sozial engagierte Herzogin. Übrigens: Auch in Bad Soden gibt es ein Paulinenschlösschen. Die Herzoginwitwe ließ es 1847 für sich in dem Kurort errichten, in dem sie sich gern erholte. Anders als sein Pendant in Wiesbaden existiert es heute noch.

Eva Wodarz-Eichner

So geht's zur Auffahrt

Biegt man von der Sonnenberger Straße nach links oben in die Herzogin-Elisabeth-Straße ein und folgt man ihrem kurvigen Verlauf, kommt man zu dem Parkplatz. Die Auffahrt befindet sich direkt davor.

Pfarrer Ralf Gmelin weiß, dass dieser Altartisch einst eine ganz andere Funktion hatte.

47

Altartisch
Ein Zifferblatt erinnert an vergangene Zeiten

In der Ringkirche in Wiesbaden findet sich im „Raum der Stille", einer kleinen Kapelle neben dem runden Hauptraum, ein merkwürdiges Zeichen auf der Altarplatte. Es sieht aus wie eine römische II. „Richtig erkannt", freut sich Pfarrer Ralf Gmelin. „Das ist der Rest eines ehemaligen Zifferblattes." Wieso ein Altar aus einem alten Zifferblatt besteht? Das ist im Grunde eine Folge der Baugeschichte dieser Kirche – und der gesellschaftlichen Entwicklung Wiesbadens im 20. Jahrhundert. Sie beginnt damit, dass Wiesbaden in der zweiten Hälfte des 19. Jahrhunderts regelrecht explodierte. Der Ruf als Weltkurstadt sorgte dafür, dass sich zahlreiche wohlhabende Menschen hier niederließen – um die Jahrhundertwende 1899/1900 war Wiesbaden die Stadt mit der höchsten Millionärsdichte. Auch der Adel fühlte sich wohl: allen voran Kaiser Wilhelm II. (1859-1941), der immer wieder nach Wiesbaden kam und der von ihm so geliebten Stadt auch entsprechende Förderungen zukommen ließ. Im Ergebnis stieg die Bevölkerungszahl von 35.500 im Jahr 1871 auf 109.002 im Jahr 1910. Und das hatte einen Bauboom zur Folge: „Mehrere Handwerker hier aus der Gegend bauten die prachtvollen Häuser, die die Ringkirche heute umgeben, um sie zu vermieten. Sie selbst wohnten in bescheidenen Häusern im Hinterhof", erzählt Ralf Gmelin die Geschichte weiter. Jedoch: Viele von ihnen verhoben sich finanziell. „Die Banken erwiesen sich als feige und kündigten die Kredite zu schnell. Viele Handwerker hätten die Kurve sonst noch bekommen", ist der Pfarrer überzeugt. So aber wuchs die Armut im Viertel. Mancher hatte im Winter kein Geld für Heizmaterial. Das große Bevölkerungswachstum hatte aber noch eine weitere Folge: Auch die evangelische Kirchengemeinde bekam immer mehr Zuwachs, neue Kirchen mussten gebaut werden – und 1889 begann man mit den Planungen für die Ringkirche als dritter evangelischer Kirche in Wiesbaden unter Federführung des Berliner Architekten und Baumeisters Johannes Otzen (1839-1911). Die Ringkirche wurde zum Prototyp für viele evangelische Kirchen, die in der Folge gebaut wurden: Sie war die erste Kirche, die nach dem sogenannten „Wiesbadener Programm" errichtet wurde. „Ihr runder Grundriss unterstreicht, dass die Gemeinde eine Einheit ist", erklärt der Pfarrer. „Im Gegensatz zu den katholischen Kirchen, die in ihren Bauten eine Hierarchie abbilden, sollte hier alles eins sein und das Abendmahl mitten in der Gemeinde stattfinden." Damit folgt der Bau Luthers Forderung nach einem „Priestertum aller Gläubigen".

Ein rätselhaftes Zeichen auf dem Altartisch.

Wie alle großen Kirchenräume ist aber auch die Ringkirche nur schwer zu heizen. Auch wenn es in einem Gotteshaus sicherlich in erster Linie darum geht, seinen Glauben zu leben, so wollte die evangelische Gemeinde noch etwas anderes erreichen: Sie wollte dafür sorgen, dass all die armen Gemeindeglieder, unter ihnen eben auch die pleitegegangenen Handwerker, die in ihren Häusern frieren mussten, einen Raum hatten, in dem sie sich während eines Taufgottesdienstes wärmen konnten.

Also wurde ein kleine, separat heizbare Kapelle gebaut – der heutige „Raum der Stille". „Hier stand auch der Taufstein, denn die Neugeborenen sollten es ja warm haben, aber er wurde nie benutzt", erzählt der Geistliche. Denn: „Bis in die 1950er-Jahre gab es die Tradition der Haustaufe und deshalb kam niemand zur Taufe in die Kirche, es war einfach untypisch." Der Pfarrer ging mit Taufschale und Kerzen von Haus zu Haus, einer seiner Kollegen bezeichnete damals diese Haustaufe als ein „gemein Kinderbaden", zitiert Gmelin. Später wurde der Taufstein in den Kirchenraum versetzt. „Damit war dieser Raum der Stille dann aber sehr leer", berichtet Gmelin. Zu jener Zeit entdeckte er auf dem Dachboden ein Viertel des Zifferblatts der alten Kirchturmuhr. „Ich fand, dass das doch eine gute Platte für einen Altar wäre", erzählt er.

Ein Altar voller Hintergründe: Die Uhr kam in der Bauzeit auf den Turm, auf dieses Zifferblatt schauten damals die Leute, die in ihren Häusern frieren mussten und von einer eigenen Taschenuhr nur träumen konnten.

Und nun schauen jene auf das Zifferblatt der Turmuhr, die in dem kleinen Raum oder im gewaltigen Kirchenraum zwar nicht mehr die Wärme, aber die Stille suchen – ein Gut, das in der heutigen Zeit vielleicht ebenso selten ist wie damals die Wärme.

Eva-Maria Bast

So geht's zum Altartisch:

Er befindet sich im „Raum der Stille" in der Ringkirche. Diese steht an der Ecke Rheinstraße/Kaiser-Friedrich-Ring.

Steinrosette

Rosen blühen gegen das Vergessen

Wo immer auf der Welt ein jüdischer Friedhof liegt, finden sich kleine Steine auf den Gräbern. Besucher haben sie dort abgelegt, als Zeichen der Erinnerung. Ein Stein ist es auch, der in Schierstein an vergangenes jüdisches Leben erinnert: In der kleinen Grünanlage in unmittelbarer Nähe des Hafens blühen Rosen um eine große Rosette aus roséfarbenem Stein. Es könnte ein Idyll sein, wäre da nicht die Inschrift, die besagt, dass diese Rosette einst die Schiersteiner Synagoge schmückte. Sie stand dort, wo heute die Rosen blühen, in Sichtweite von Christophoruskirche und Hafenpromenade, von Grundschule und Schulwiese. „Am 10. November 1938 wurde die Synagoge mutwillig zerstört, die Mitglieder der jüdischen Gemeinde in Vernichtungslager verschleppt", sagt Walter Richters, stellvertretender Ortsvorsteher und langjähriger Vorsitzender der Volkshochschule Schierstein. Jahrzehntelang stand hier eine Ruine, bis sie etwa 1965 abgebrochen wurde. Die Stadt Wiesbaden ließ 1968 die Anlage am Standort der alten Synagoge errichten. „Vielleicht können wir es als ein Symbol des Zusammenstehens heute und in Zukunft begreifen, dass die Synagoge in der Bernhard Schwarz-Straße liegt: Die Straße ist nach einem Mann benannt, der fast 50 Jahre lang evangelischer Pfarrer in Schierstein war und der sich um den Bau der Christophoruskirche verdient gemacht hat. Kirche und Alte Synagoge sind nur wenige Schritte voneinander entfernt – ich würde mir wünschen, dass das auch für Juden und Christen gilt", sagt Walter Richters, der seit Jahrzehnten kirchlich engagiert ist.

Nachweisbar sind die ersten jüdischen Einwohner in Schierstein um 1530. Ende des 18. Jahrhunderts bildete sich eine jüdische Gemeinde, die sich zunächst in einem dunklen, kellerartigen Raum in Schierstein traf. Es dauerte bis Ende der 1850er-Jahre, bis die kleine Gemeinde es wagte, den Bau einer eigenen Synagoge zu stemmen. Sie wurde im Ortsmittelpunkt von Schierstein errichtet, in Sichtweite der

Walter Richters deutet auf die Steinrosette, die einst die Ostseite der Synagoge in Schierstein schmückte.

Grundschule und der evangelischen Kirche und verfügte über rund 65 Plätze. Davon waren 40 Plätze für Männer und – auf der Empore – 25 für Frauen vorgesehen. Graf Wenzeslaus Carl zu Leiningen (1823-1900) stiftete einen reich geschnitzten Holzständer mit dem nassauischen Wappen, der neben dem Toraschrein aufgestellt wurde. Allerdings erhielt die jüdische Gemeinde ansonsten keine Unterstützung – und den Quellen zufolge hatte sie sich mit dem Bau finanziell übernommen. Dennoch konnte die Gemeindearbeit in Schierstein aufrechterhalten werden. Im 19. Jahrhundert waren die meisten Schiersteiner Juden als Händler tätig und betrieben im Ort ihre Läden. Schon damals gab es in der heutigen Reichsapfelstraße – der damaligen Wilhelmstraße – die meisten Geschäfte. Ihre Verstorbenen begrub die Schiersteiner Gemeinde zunächst auf dem jüdischen Friedhof in Wiesbaden; ab etwa 1890 wurde ihr ein kleines Gelände zwischen Schierstein und Niederwalluf zur Verfügung gestellt.

In den 1920er-Jahren konnte der neue jüdische Friedhof neben dem christlichen Friedhof eingeweiht werden. Er besteht bis heute.

Die Inschrift auf der Steinrosette erzählt vom Schicksal der jüdischen Bevölkerung in Schierstein.

„Um 1925 gehörten der jüdischen Gemeinde in Schierstein etwa 60 Personen an – das waren rund 1,2 Prozent des damals etwa 5.000 Einwohner zählenden Ortes. Es war die Zeit, in der die jüdische Bevölkerung in ganz Wiesbaden ihren Höchststand erreichte – die Chroniken erwähnen 3088 Personen, was immerhin drei Prozent der Einwohner Wiesbadens ausmachte", erklärt Walter Richters.

Nicht mal ein Jahrzehnt später war alles anders geworden: Schon Mitte der 30er-Jahre, kurz nach der Machtergreifung Hitlers 1933, wanderten mehrere jüdische Familien aus. Im Oktober 1935 wurde ein jüdischer Viehhändler wegen der verbotenen Schächtung eines Kalbes angezeigt, mit anderen Gemeindemitgliedern verhaftet und zu einer dreimonatigen Gefängnisstrafe verurteilt. In der Pogromnacht vom 9. November 1938 zerstörten Nationalsozialisten die Synagoge, plünderten Geschäfte und Wohnungen der jüdischen Familien. Ende des Jahres mussten die letzten jüdischen Händler in Schierstein ihre Geschäfte schließen. Zwangsweise wurden mehrere Angehörige der Schiersteiner jüdischen Gemeinde ins „Judenhaus" in der Luisenstraße 6 in Wiesbaden gebracht; die letzten jüdischen Einwohner des Ortes wurden im Juni 1942 deportiert.

„Vielleicht können wir es als ein Symbol des Zusammenstehens heute und in Zukunft begreifen, dass Kirche und Alte Synagoge nur wenige Schritte voneinander entfernt sind – ich würde mir wünschen, dass das auch für Juden und Christen gilt."

Im Mahnmal der Synagoge wird auch der Prophet Jesaja zitiert: „Denn von Zion geht die Lehre aus und das Wort des Ewigen von Jerusalem. Kein Volk wird gegen ein anderes Volk mehr das Schwert erheben und sie werden nicht mehr das Kriegshandwerk erlernen." Ein Bibelwort, das Christen und Juden gemeinsam ist. Und das Hoffnung macht.

Eva Wodarz-Eichner

So geht's zur Steinrosette:

Die Alte Synagoge befindet sich in der Schiersteiner Bernhard-Schwarz-Straße.

Stein
Das versunkene Dorf

Wolfgang Brendel geht gerne spazieren. Seit der gebürtige Kasselaner 1981 nach Wiesbaden gezogen ist, ist er oft in den Wiesen und Feldern rund um die Stadt unterwegs. „Und plötzlich stand ich vor diesem Stein mitten im Nirgendwo", erzählt der ITler. Ein Stein, der daran erinnert, dass hier einmal ein Dorf gestanden hat. „Man kann es kaum glauben, denn es ist überhaupt nichts mehr davon zu sehen." Keine Häuser, keine Ruinen, noch nicht einmal mehr ein paar Steine, die darauf schließen lassen, dass hier vor vielen hundert Jahren Menschen gelebt haben.

„Costloff" hat das Dorf geheißen, steht auf dem Stein, den der Heimat- und Geschichtsverein Medenbach aufgestellt hat. Eine „Costloff-Straße" gibt es denn auch nicht weit entfernt im benachbarten Medenbach, dessen Geschichte eng mit der von Costloff verbunden ist. Wolfgang Brendel hat das versunkene Dorf keine Ruhe gelassen. Ein paar Informationen ließen sich herausfinden, aber immer noch bleibt vieles im Ungewissen.

„Es sieht so aus, als hätten die Bewohner das Dorf Costloff im oder nach dem Dreißigjährigen Krieg verlassen; sie sind nie wieder zurückgekehrt. Die Häuser ließ man verfallen, und irgendwann hat nichts mehr daran erinnert, dass es hier einmal eine Siedlung gegeben hat", sagt Wolfgang Brendel.

Die Geschichte Costloffs setzt aber schon viel früher ein: Bereits in vorgeschichtlicher Zeit legen archäologische Funde eine keltische Besiedlung nahe – nicht anders als im heutigen Igstadt, nur wenige Kilometer entfernt. Später wird zwischen Breckenheim und Medenbach, wo Costloff lokalisiert wird, eine römische Villa vermutet. Urkundlich wird das Dorf zum ersten Mal im Jahre 1252 erwähnt, damals bereits mit dem ungewöhnlichen Namen „Costloff", der in unterschiedlicher Schreibweise überliefert ist und vermutlich schon wesentlich älter ist.

Wolfgang Brendel weist auf den Gedenkstein, der an das versunkene Dorf erinnert.

Zu dieser Zeit bestanden enge Verbindungen zu Mainzer Klöstern, die Einkünfte aus dem Dorf bezogen. „Das dürfte heißen, dass die Klöster Landbesitz in dem Dorf hatten und dass die Costloffer Bauern Getreide und Obst nach Mainz geliefert haben", vermutet Wolfgang Brendel. Ebenso ist urkundlich gesichert, dass die Ritter von Delkenheim einen Hof am Eingang des Ortes besaßen, wenn auch die Gerichtshoheit in den Händen der Herren von Eppstein gelegen hat. 1492 haben sie das Dorf – wie viele andere in der Umgebung auch – an die Landgrafen von Hessen verkauft. Landgraf Wilhelm III. (1471-1500) war jetzt der neue Grundherr.

In dieser Zeit scheint das Dorf seine Blüte erlebt und über einigen Wohlstand verfügt zu haben: Damals lebten in Costloff mehr Menschen als in Medenbach, und es ist überliefert, dass nicht nur erfolgreich Wein angebaut, sondern auch bis in die Niederlande Handel getrieben wurde.

Mitte des 16. Jahrhunderts wurde die Reformation eingeführt; das heißt, dass die Costloffer ebenso wie die Medenbacher nicht mehr katholisch waren, sondern das lutherische Bekenntnis verordnet bekamen. In dieser Zeit wurde Costloff Medenbach eingepfarrt. „Ein Anzeichen dafür, dass damals schon die Bevölkerung in Costloff langsam zurückging", vermutet Wolfgang Brendel.

Anno 1587 sind noch neun Familien in Costloff überliefert; in Medenbach wuchs die Bevölkerung dagegen auf 120 Familien an.

Heute kann man sich kaum mehr vorstellen, dass hier einmal ein Dorf gewesen ist. Der Stein erinnert an Costloff.

Zum letzten Mal wird Costloff 1604 in den Chroniken erwähnt, nach 1630 taucht nur noch Medenbach in den Urkunden auf. Die gängige

Erklärung dafür ist, dass Costloff im Dreißigjährigen Krieg (1618-1648) niedergebrannt wurde, die Bewohner ins größere Medenbach oder in die Umgebung geflohen und nie wieder zurückgekommen sind.

„Was dann noch vom Dorf übrig war, haben die Leute aus der Nachbarschaft geholt und in ihren Häusern verbaut", beschreibt Wolfgang Brendel eine gängige Praxis. Bis um die Mitte des 19. Jahrhunderts sollen Steine und Balken im alten Costloff gesammelt worden sein, wurde noch in den 1970er-Jahren erzählt. In einem immer noch bestehenden „Costloff-Haus" in Medenbach wurden angeblich angekohlte Eichenbalken verbaut, deren Holzverbindungen aus der Zeit vor dem Jahr 1700 stammen. Und es gibt in Medenbach bis heute eine Costloff-Straße. Auch wenn das alte Dorf verschwunden und zur Wüstung geworden ist, ist es doch nicht ganz vergessen. Welche Schicksale die Menschen aus dem verlassenen Dorf aber hatten, bleibt wohl für immer ein Geheimnis.

„Die Häuser ließ man verfallen, und irgendwann hat nichts mehr daran erinnert, dass es hier einmal eine Siedlung gegeben hat."

Eva Wodarz-Eichner

So geht's zum Stein:

Zwischen Medenbach und Breckenheim findet man den Gedenkstein inmitten von Wiesen und Weiden.

Historiker Dr. Karsten Eichner zeigt auf den „Vier Jahreszeiten"-Schriftzug, der heute ein Appartementhaus an der Wilhelmstraße bezeichnet.

50 Schriftzug

Top-Adresse an der Rue

Der Name „Vier Jahreszeiten" steht landauf, landab für Luxushotels – beispielsweise an der Hamburger Binnenalster oder in der Münchner Innenstadt. Auch in Wiesbaden prangt der stolze Name gleich mehrfach an dem sachlichen Fünfziger-Jahre-Bau in der Wilhelmstraße. Doch seltsam: Ein Fünf-Sterne-Haus wie der direkt gegenüber liegende „Nassauer Hof" ist das betont schlichte Gebäude nicht, sondern ein gehobenes Appartementhaus mit Modeläden im Erdgeschoss. „Das war bis 1945 anders", erzählt der Historiker und Krimi-Autor Dr. Karsten Eichner. „Damals stand hier tatsächlich ein Luxushotel – und zwar das erste, das in Wiesbaden überhaupt gebaut wurde." Das „Vier Jahreszeiten", Anfang des 19. Jahrhunderts im klassizistischen Stil errichtet, begleitete als Hotel für mehr als hundert Jahre den Aufstieg des verschlafenen Badeorts zur „Weltkurstadt", ja ermöglichte ihn erst.

Kein Geringerer als Stadtbaumeister Christian Zais (1770-1820) entwarf und baute das elegante 100-Zimmer-Haus in bester Lage, und zwar auf eigene Rechnung. Seine Überlegung, die anno 1810 genauso modern war wie heute: Wiesbaden hat als Kurstadt nur dann eine echte Chance, wenn das dringend herbeigesehnte, zahlungskräftige ausländische Publikum auch einen angemessenen internationalen Standard vorfindet. Das hieß damals: Hotel-Luxus wie in Paris. Helle, großzügige Zimmer. Erlesenste Materialien. Elegante Salons und Speisesäle, beste Küche. Also all das, was die bisherigen, teilweise noch mittelalterlich anmutenden und engen Badehäuser der Innenstadt ihren Gästen nicht bieten konnten. Das riesige Vorzeigehaus in 1-A-Lage kostete Zais ein Vermögen – und schließlich sogar das Leben. Denn der Bau des Luxushotels war ein Thriller, wie ihn kein Krimi-Autor besser erfinden kann. Doch der Reihe nach.

Christian Zais, der stadtbildprägende Architekt, wird 1770 in Cannstatt bei Stuttgart geboren. Er besucht die berühmte Hohe Karlsschule – wo zuvor schon Schiller die Schulbank drückte – , studiert Architektur und macht sich als Architekt selbstständig. 1805 tritt er in nassauische Dienste und nimmt sich auf herzoglichen Wunsch die Verschönerung Wiesbadens vor. Zais' Bebauungsplan gibt der kleinen, vom mittelalterlichen Gassengewirr geprägten Stadt erstmals ein klares Gesicht. Fortan bilden fünf breite Straßen die neuen Hauptachsen: Das „historische Fünfeck" aus Wilhelmstraße, Taunusstraße, Röderstraße, Schwalbacher Straße und Friedrichstraße (später dann Rheinstraße) umschließt den bisherigen Stadtkern und legt den Keim zur planmäßigen Erweiterung. Vor allem die neu angelegte Wilhelmstraße wird zur eleganten Prachtmeile – und ist es bis heute geblieben. Damals aber liegt sie noch am Rande der Stadt, gewissermaßen auf der grünen Wiese. Und hier – nicht im Zentrum – baut Zais für den Herzog zwischen 1808 und 1810 auch das Kurhaus, das sofort breite Bewunderung erfährt. An der Wilhelmstraße errichtet der Baumeister außerdem das Erbprinzenpalais, in dem heute die IHK ihren Sitz hat.

Zais nimmt zunehmend auch Aufträge von Privatleuten an, wird dadurch sehr wohlhabend und kann sich ab 1817 seinen Lebenstraum erfüllen: ein Luxushotel für die bessergestellten Badegäste aus aller Herren Länder, und zwar direkt vis-a-vis vom Kurhaus. Ein Konzept aus einem Guss, da die wenig später errichteten Kurhaus-Kolonnaden auch bei Regen einen weitgehend trockenen Spaziergang vom Hotel zum Kurhaus und zurück ermöglichen. „Doch das Großprojekt kostet Zais all seine Kraft, sein Geld und letztendlich auch seine Gesundheit", weiß Karsten Eichner. Der Historiker schreibt neben Sachbüchern zur Stadtgeschichte auch historische Krimis und lässt in seinem Buch *Sherlock Holmes: Die Wiesbadener Fälle* den britischen Meisterdetektiv in den 1880er-Jahren im „Vier Jahreszeiten" ermitteln.

Doch noch interessanter ist der wahre Krimi um die Entstehung des „Vier Jahreszeiten". „Christian Zais macht sich mit seinem Hotelprojekt rasch Feinde", weiß Eichner: Die etablierten Badewirte fürchten die neue Konkurrenz, legen ihm alle erdenklichen Steine in den Weg. Ihr Hebel ist die Thermalquelle, die Zais für sein Hotel benötigt. Denn die sprudelt an anderer Stelle, weit entfernt vom Bauplatz. Als Zais eine Leitung zum Bäckerbrunnen graben lässt, schütten die aufgebrachten Konkurrenten sie wieder zu und zerstören die Quellfassung. Mehr noch: Sie manipulieren ihre eigenen Quellen und behaupten frech, Zais' Bohrungen würden ihnen das Wasser abgraben.

Zais kämpft wie ein Löwe um sein Projekt, streitet vor Gericht, doch die Anstrengungen sind zu viel für ihn: Kaum 50-jährig stirbt er an einem Herzinfarkt, ohne die Fertigstellung seines Prestigeobjekts zu erleben. „Erst seinen Erben gelingt es, das Haus fertigzustellen und die immensen Schulden wieder abzutragen", erzählt Eichner. Und die Stadt profitiert: Fortan setzt das „Vier Jahreszeiten" Maßstäbe, und über die folgenden Jahrzehnte werden immer mehr Luxushotels gebaut. Ohne das „Vier Jahreszeiten" hätte es sie vielleicht alle nicht gegeben.

Nur der Name erinnert noch an das Luxushotel, das in den Bomben des Zweiten Weltkriegs unterging.

Bemerkenswert ist übrigens, warum noble Hotels nicht selten diesen Namen bekommen haben: „Vier Jahreszeiten' steht dafür, dass das Hotel im Winter komfortabel beheizt werden und dadurch ganzjährig Gäste beherbergen konnte", sagt Eichner schmunzelnd. „Das hat damals Maßstäbe gesetzt." Seither wurde in Wiesbaden auch eine „Winterkur" außerhalb der Sommersaison möglich.

Das historische Hotelgebäude selbst hat die Zeiten leider nicht überdauert. Beim verheerenden Luftangriff auf Wiesbaden im Februar 1945 wird es schwer getroffen und brennt aus. Lediglich die Mauern des Erdgeschosses ragen noch einige Jahre in die Höhe, bis auch sie abgeräumt werden und in den 1950er-Jahren einem Neubau Platz machen.

„Damals stand hier tatsächlich ein Luxushotel – und zwar das erste, das in Wiesbaden überhaupt gebaut wurde."

Dieser steht bis heute, greift den historischen Grundriss auf, hat aber eine völlig andere Nutzung. Der alte Name bleibt als Erinnerung an die frühere Glanzzeit des Hauses erhalten und wird in neuen, modernen Lettern angebracht. Doch die Appartements zur Wilhelmstraße hin bieten zumindest noch den gleichen mondänen und unverbaubaren Blick aufs Kurhaus wie einst. Vier-Jahreszeiten-Luxus eben.

Eva Wodarz-Eichner

So geht's zum Schriftzug:

Das „Vier Jahreszeiten" steht an der mondänsten Ecke der Wilhelmstraße am Kaiser-Friedrich-Platz. Gegenüber liegen das Kurhaus und das Hotel „Nassauer Hof".

Quellen, Literatur, Bildnachweis

Bast, Eva-Maria: Berliner Geheimnisse, Überlingen 2015, S. 44.

Baumgart-Pietsch: „Klappern von Dach und Mast". In: Unser Rheingau 3. Mainz 2017, S. 34–39.

Bernsau, Dr. Tanja: „Max Brings – Über den Sammler". In: „The Artdetective". URL: https://artresearch-service.com/die-kunstdetektivin/das-projekt/kunstsammler/max-brings/. Abgerufen am 29.04.2019.

Bodderas, Elke: „Der Kuss der Papageien". In: Welt.de. URL: https://www.welt.de/welt_print/lifestyle/article10038986/Der-Kuss-der-Papageien.html. Abgerufen am 13.03.2019.

Bohrmann, Mario: „Das Höppli-Haus – die Ornamente-Fabrik." In: Wiesbadener Casinogesellschaft (Hg): Wiesbaden im Umbruch. Von Nassau nach Preußen. Ausstellungskatalog. Wiesbaden 2019, S. 221-229.

Bubner, Bertold: Christian Zais (1770 – 1820) in seiner Zeit. Wiesbaden 1993.

Casino-Gesellschaft Wiesbaden (Hg.): 200 Jahre Wiesbadener Casino-Gesellschaft. Das Forum für Geschichte, Kultur und Geselligkeit. Wiesbaden 2016.

Casino-Gesellschaft Wiesbaden. URL: https://casino-gesellschaft.de. Abgerufen am 01.03.2019.

Ceram, C. W.: Götter, Gräber und Gelehrte. Gütersloh 1957. S. 46.

Christian Zais, der Schöpfer des klassizistischen Wiesbaden. In: Wodarz-Eichner, Eva und Eichner, Karsten: Die großen Wiesbadener. Bürger, Badegäste und Berühmtheiten. Frankfurt am Main 2010. S. 177 – 181.

Czysz, Walter: Vom Römerbad zur Weltkulturstadt. Geschichte der Wiesbadener heißen Quellen und Bäder. Wiesbaden 2000.

Czysz, Walter: Wiesbaden in der Römerzeit. Stuttgart 1994, S. 224 ff.

Daunke, Manfred: „Weinbau". In: Wiesbaden. Das Stadtlexikon. Darmstadt 2017, S. 945-947.

Der Rhein. Kilometrierung. URL: https://de.wikipedia.org/wiki/Rhein. Abgerufen am 15.03.2019.

Der Rheingau. URL: www.rheingau.de. Abgerufen am 15.03.2019.

Festschrift zum 150-jährigen Jubiläum der Oranienschule. Wiesbaden 2007.

Geschichte der Oranienschule. URL: https://oranienschule.de/. Abgerufen am 14.03.2019.

Goertz, Walter; Kläser, J.: Die Wiesbadener Mühlen. Unveröffentlichtes Manuskript.

Goertz, Walter: „Wagemann, Jean Baptiste (gen. Schambetist)". In : Wiesbaden. Das Stadtlexikon. Darmstadt 2017, S. 934.

Hager, Bernhard: „Hauptbahnhof". In: Wiesbaden. Das Stadtlexikon. Darmstadt 2017, S 351.

Johann Jacob Söhnlein, Schiersteiner Sektfabrikant und Freund Jordan, Jörg: Stadtentwicklung zu Zeiten des preußischen Königs und Kaisers Wilhelms I. In: Wiesbaden im Umbruch. Von Nassau nach Preußen. Wiesbaden 2019, S. 57-86.

Jordan, Jörg: Stadtentwicklung zu Zeiten des preußischen Königs und Kaisers Wilhelms I. In: Wiesbaden im Umbruch. Von Nassau nach Preußen. Wiesbaden 2019, S. 57-86.

Jordans, Sonja: „Wiesbadener Geschichte". In: Pferde vor der Straßenbahn. Frankfurter Rundschau, 7. April 2010.

Jung, Wolfgang: „Hessisches Staatstheater Wiesbaden". In: Wiesbaden. Das Stadtlexikon. Darmstadt 2017, S.382-384.

Kläser, Josef: „Mühlen, Mühlenwesen". In: Wiesbaden. Das Stadtlexikon. Darmstadt

2017, S. 632-636.

Kiesow, Gottfried: „Architekturführer Wiesbaden". In: Die Stadt des Historismus. Bonn 2006. S. 64-65.

Kiesow, Gottfried: „Marktkirche". In: Wiesbaden. Das Stadtlexikon. Darmstadt 2017, S. 600-601.

Kiesow, Gottfried: „Zais, Johann Christian". In: Wiesbaden. Das Stadtlexikon. Darmstadt 2017, S. 1010-1011.

Knaurs Lexikon der Symbole: München 1989 S. 120, 324.

Knaurs Lexikon der Symbole, München 1989, S. 75, 478, 479.

Knoll, Michael: „Römertor". In: Wiesbaden. Das Stadtlexikon. Darmstadt 2017, S. 759-760.

Knoll, Michael: „Römisches Freilichtmuseum". In: Wiesbaden. Das Stadtlexikon. Darmstadt 2017, S.763.

Kita, Birgit: „Höppli, Johann Jacob". In: Wiesbaden. Das Stadtlexikon. Darmstadt 2017, S. 401-402.

Kopp, Klaus: 125 Jahre Wiesbadener Verkehrsbetriebe 1875 - 2000, Stadtwerke Wiesbaden, Wiesbaden 2000.

„Kostloff, Stadt Wiesbaden". In: Historisches Ortslexikon. URL: https://www.lagis-hessen.de/de/subjects/idrec/sn/ol/id/11167. Abgerufen am 17.02.2019.

Kremer, Arndt: Geheime Botschaften. URL: https://gfds.de/geheime-botschaften/. Abgerufen am 15.03.2019.

Liesegang, Erich: Das Gebäude. Ein Beispiel für die Architektur des Historismus. URL: https://www.hs-rm.de/de/service/hochschul-und-landesbibliothek/a-z/informationen-a-z/das-gebaeude-rheinstrasse/. Abgerufen am 01.03.2019.

Lottmann-Kaeseler, Dorothee: Schierstein mit Frauenstein (Stadt Wiesbaden). Jüdische Geschichte / Synagoge. URL: http://www.alemannia-judaica.de/schierstein_synagoge.htm. Abgerufen am 10.02.2019.

Maisant, Mechthild: „Mauritiuskirche". In: Wiesbaden. Das Stadtlexikon. Darmstadt 2017, S. 605-607.

Mayer, Martin: „Landesbibliothek". In: Wiesbaden. Das Stadtlexikon. Darmstadt 2017, S. 559-560.

Meyer, Hermann, Als Kriegskind in Wiesbaden, Berlin o. J.

Milch, Wilhelm: Who is who in Aquae mattiacorum. Römisches „ADRESSBUCH" VON WIESBADEN. Wiesbaden 2011.

Mohn, Jörg: 250 Jahre Christophoruskirche Schierstein 1754-2004. Festschrift. Wiesbaden 2004, S. 8-16.

Müller-Schellenberg, Guntram: „Schellenberg, August Emil (auch Karl August Emil)". In: Wiesbaden. Das Stadtlexikon. Darmstadt 2017, S. 780 f.

Müller-Schellenberg, Guntram: „Schellenberg, Ernst Ludwig (Louis) Theodor". In: Wiesbaden. Das Stadtlexikon. Darmstadt 2017, S. 781.

Müller-Schellenberg, Guntram: „Schellenberg, Ferdinand Ludwig (Louis) Theodor". In: Wiesbaden. Das Stadtlexikon. Darmstadt 2017, S. 781.

Müller-Schellenberg, Guntram: „Schellenberg, Gustav August Ludwig David." In: Wiesbaden. Das Stadtlexikon. Darmstadt 2017, S. 782.

Neese, Bernd-Michael (Hg.): Christian Spielmann, Aufsätze zur Geschichte der Stadt Wiesbaden im 17.– 19. Jahrhundert. Wiesbaden 2007.

Neese, Bernd Michael: „Kaiser-Wilhelms-Heilanstalt". In: Wiesbaden. Das Stadtlexikon. Darmstadt 2017, S. 455-456.

Neroberg: URL: https://de.wikipedia.org/wiki/Neroberg. Abgerufen am 01.04.2019.

Nicolaisen, Carsten: „Niemöller, Martin". In: Neue Deutsche Biographie 19 (1999), S. 239-241 URL: https://www.deutsche-biographie.de/pnd118587900.html#ndbcontent. Abgerufen am 09.04.2019.

Nohlen, Klaus: Klassizistische Moderne. Das Gebäude der Landesbibliothek in Wiesbaden von 1913. In Martin Mayer (Hg.): Von der Herzoglich nassauischen Öffentlichen Bibliothek zur Hochschul- und Landesbibliothek RheinMain. Wiesbaden 2013, S. 175-203.

Odenwald-Bahn: Die Eisenbahn in Wiesbaden. URL: http://www.odenwald-bahn.de/f_h_wsb_gesch.htm. Abgerufen am 14.03.2019.

Oranienschule. URL: https://de.wikipedia.org/wiki/Oranienschule_(Wiesbaden). Abgerufen am 14.03.2019.

Philipp Keim. URL: https://de.wikipedia.org/wiki/Philipp_Keim. Abgerufen am 28.03.2019.

Reichsburg Trifels. URL: www.reichsburg-trifels.de. Abgerufen am 06.03.2019.

Reichskleinodien. URL: https://de.wikipedia.org/wiki/Reichskleinodien. Abgerufen am 06.03.2019.

Rheinkilometer. URL: http://www.welterbe-atlas.de/startseite/rheinkilometer/. Abgerufen am 15.03.2019.

Rheinkilometrierung. URL: http://www.rhein-angeln.de/rheinkilometrierung_rheinkilometer.htm. Abgerufen am 15.03.2019.

Russ, Sigrid: Kulturdenkmäler in Hessen, Wiesbaden I. Historisches Fünfeck. Wiesbaden 2005, S. 201 f.

Schäfer, Robert: Schierstein einst und jetzt. Wiesbaden o. J. S. 7-13.

Schiersteiner Weinlagen. URL: www.rheingau.de. Abgerufen am 06.03.2019

Schottner, Alfred: Die „Ordnungen" der mittelalterlichen Dombauhütten: Verschriftlichung und Fortschreibung der mündlich überlieferten Regeln der Steinmetzen. Münster 1995.

Schyboll, Christa: Martin Niemöller über Gemeinschaft. URL: https://www.gutzitiert.de/zitat_autor_martin_niemoeller_thema_gemeinschaft_zitat_9331.html). Abgerufen am 09.04.2019.

Schloss Waldburg. URL: www.schlosswaldburg.de. Abgerufen am 06.03.2019.

Schmidt-von Rhein, Uta: „Neroberg". In: Wiesbaden. Das Stadtlexikon. Darmstadt 2017, S. 664f.

Schmidt-von Rhein, Uta: Mauritiusplatz. In: Wiesbaden. Das Stadtlexikon. Darmstadt 2017, S. 607.

35 Jahre Schornstein Küferstraße. URL: https://www.schiersteinstoerche.de. Abgerufen am 27.02.2019.

Schwiddessen, Jutta: „Das Wissen thront auf dem Dach." In: Schröder, Stefan und Gerber, Manfred (Hg.): Immer mittendrin. 100 Jahre Pressehaus Wiesbaden. Frankfurt am Main 2009, S. 9-11.

Schwitalla, Guntram: „Heidenmauer". In: Wiesbaden. Das Stadtlexikon. Darmstadt 2017, S. 354-355.

Steinmetzzeichen. URL: https://de.wikipedia.org/wiki/Steinmetzzeichen. Abgerufen am 01.04.2019.

Streich, Brigitte: „Wiesbaden wird preußisch!". In: Wiesbaden im Umbruch. Von Nassau nach Preußen. Wiesbaden 2019, S. 45-55.

Teufer, Oliver: „Hotel Vier Jahreszeiten". In: Wiesbaden. Das Stadtlexikon. Darmstadt 2017, S. 407-408.

„Vegetarische Warte – Zeitschrift für naturgemäße Lebenskunst", herausgegeben vom Deutschen Vegetarierbund.

Weichel, Dr. Thomas: Wiesbaden im Bombenkrieg 1941-1945. Frankfurt 2016, S.30, 34, 35, 44-47, 58, 62, 70-72.

Wiesbadener Bade-Blatt vom 01.09.1910 Wiesbaden, Kulturamt - Stadtarchiv: Zeitungsartikel aus der chronologischen Zeitungsausschnittsammlung
Wikipedia: Flügelrad. URL: https://de.wikipedia.org/wiki/Flügelrad_(Eisenbahn). Abgerufen am 12.03.2019.

Wikipedia: Wiesbaden Hauptbahnhof. URL: https://de.wikipedia.org/wiki/Wiesbaden_Hauptbahnhof#Geschichte. Abgerufen am 12.03.2019.

Weichel, Dr. Thomas: Wiesbaden im Bombenkrieg 1941-1945. Frankfurt 2016, S.30, 34, 35, 44-47, 58, 62, 70-72.

Wodarz-Eichner, Eva und Eichner, Karsten: Die großen Wiesbadener. Bürger, Badegäste und Berühmtheiten. Frankfurt am Main 2010, S. 42-44, 67-69, 102-104, 162-168, 174.

Bildnachweis:

S. 9 Fotostudio Kerstin Sänger

S. 20 Café Maldaner

Haftungsausschluss

Trotz intensiven Austauschs mit unseren Gesprächspartnern, gewissenhafter Literaturrecherche und aufmerksamem Korrekturlesen erheben wir weder einen Anspruch auf Vollständigkeit noch auf Fehlerlosigkeit. Wir haben streng darauf geachtet, keine Urheberrechte zu verletzen, unsere Recherchen sind nach bestem Wissen und Gewissen erfolgt. Dennoch übernehmen wir keinerlei Gewähr für die Aktualität, Korrektheit oder Vollständigkeit der bereitgestellten Informationen. Haftungsansprüche gegen uns schließen wir grundsätzlich aus.

#		#	
1	Geflügeltes Rad	26	Schuluhr
2	Elster mit Ring	27	Straßenmarkierung
3	Schwarzes Ross	28	Kreuz
4	Mühlenzeichen	29	Fassade
5	Brillen	30	Dichterbüste
6	Magisches Quadrat	31	Weinberg
7	Zahl	32	Grabstein
8	Kaiserpforte	33	Pferdekopf
9	Fußgängerbrücke	34	Halbrundes Haus
10	Ovale	35	Handwerkerhaus
11	Jahreszahl	36	Metallschild
12	Rampe	37	Hochwassermarke
13	Stillgelegter Schornstein	38	Kirchenmauer
14	Einstige Augenklinik	39	Initialen
15	Kaiserbüste	40	Zahl
16	Gedenksteine	41	Hintereingang
17	Namenszug	42	Tafeln
18	Metallskulptur	43	Römerstein
19	Betonklotz	44	Straßenbahnrosette
20	Schweiger	45	Steinmetzzeichen
21	Relief	46	Auffahrt
22	Inschrift	47	Altartisch
23	Carillon	48	Steinrosette
24	Dachskulptur	49	Stein
25	Schuhabstreifer	50	Schriftzug

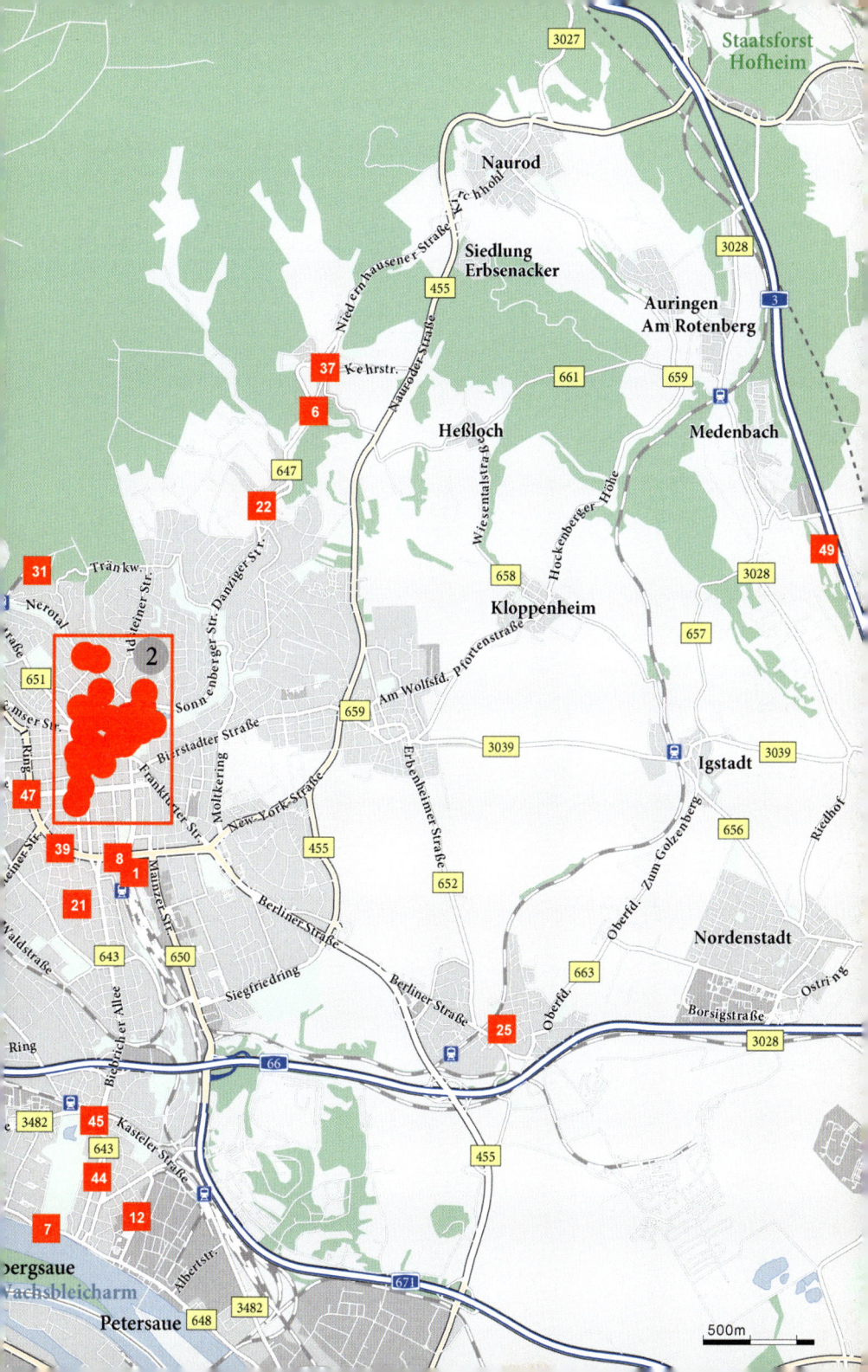

SIE WOLLEN NOCH MEHR ÜBER

Wiesbaden

WISSEN?

Hier gibt es sachkundige Informationen:

Wolfgang Blum:
Wolfgang Blum, seit Sommer 2018 Redakteur im Ruhestand, gilt im Rheingau als Wanderexperte. Er ist Welterbebotschafter im Unesco-Welterbe Oberes Mittelrheintal, Zertifizierter Natur- und Landschaftsführer, Gästeführer, Kultur- und Weinbotschafter Rheingau sowie Pilgerbegleiter. Blum bietet unterschiedliche Führungen auf dem Rheinsteig und dem RheinBurgenWeg, im Weinbaugebiet Rheingau, auf dem Rheingauer Klostersteig sowie dem Hildegard von Bingen-Pilgerweg an der Nahe und in der Wispertaunus-Region an. Gemeinsam mit der iranisch-deutschen Autorin Leila Emami lädt er regelmäßig zu Krimiwanderungen ein, bei den Hildegard Wein-Walks begleitet er Benediktinerinnen der Abtei St. Hildegard. Die Bandbreite seiner Touren reicht vom „Alpinsteig für Einsteiger" auf dem Ölsbergsteig bei Oberwesel bis zur 24-Stunden-Weitwanderung „Rheinsteig pur" über vier anspruchsvolle Rheinsteig-Etappen am Stück.
Homepage: www.blum-wolfgang.de.

Bernhard Hager
bietet regelmäßig zweimal im Jahr Führungen im und um den Hauptbahnhof für den an den geographischen Instituten der Mainzer Universität angesiedelten Verein Geographie für alle e. V. an.
Hompepage:
www.geographie-fuer-alle.de

Straßenbahnfreunde Mainz e.V.
Informationen und Literatur über die Verkehrsgeschichte in Mainz und Wiesbaden.
Sonderfahrten mit Straßenbahnoldtimern (Baujahre 1929, 1950 und 1958)
Mozartstraße 8
55118 Mainz
Telefon: 06131 / 676685
E-Mail: post@strassenbahnfreunde-mainz.de
Homepage: www.strassenbahnfreunde-mainz.de

....

Publikationen:

Hager, Bernhard: Ein Prachtbau, und ein moderner. 100 Jahre Hauptbahnhof Wiesbaden. In: Jahrbuch für Eisenbahngeschichte, hrsg. v. d. Deutschen Gesellschaft für Eisenbahngeschichte e. V., Bd. 38, Hövelhof 2006, S. 5-24.

Hager, Bernhard: Historische Entwicklung des Eisenbahnwesens im Rhein-Main-Raum. In: Festschrift zum 40. Bundeskongreß des Verbandes Deutscher Eisenbahn-Ingenieure e. V. Frankfurt am Main 2014, S. 12-18.

Hager, Bernhard: Wiesbaden Hauptbahnhof - ein verkannter Bahnhof? In: Hauptbahnhof Wiesbaden, hrsg. v. Verlag VBN Bernd Neddermeyer i. Koop. m. DB Station & Service AG. Berlin 2015, S. 14-19.

Hager, Bernhard: Hauptbahnhof. In: Wiesbaden. Das Stadtlexikon, hrsg. v. Magistrat der Landeshauptstadt Wiesbaden. Darmstadt 2017, S. 351.

Pfeiffer, Alexander: Leuchtfeuer. Gedichte. Dortmund 2017

Pfeiffer, Alexander: Begrabt mein Herz an der Biegung der Schwalbacher Straße. Verstreute Gedichte XIV. Mainz 2017

Pfeiffer, Alexander Pfeiffer: Geisterchoral. Wiesbaden Krimi. Köln 2016

Pfeiffer, Alexander (Hrsg.): KrimiKommunale 3. Kurzkrimis. Wiesbaden 2012

Pfeiffer, Alexander (Hrsg.): KrimiKommunale 2. Kurzkrimis. Wiesbaden 2011

Pfeiffer, Alexander (Hrsg.): KrimiKommunale. Kurzkrimis. Wiesbaden 2010

WEITERE
Geheimnisse der Heimat
aus der Umgebung:

DIE
Geheimnisse der Heimat
GIBT ES JETZT NEU IN ...

Darmstadt	Dresden
Eisenach	Erlangen
Düsseldorf	St. Gallen (Schweiz)
Segeberg	Villingen-Schwennigen

Seit 2011 haben wir knapp 70 „Geheimnisse"-Titel produziert. Alle Städte finden Sie unter www.bast-medien.de